# Ganhar dinheiro não é pecado

Theodore Roosevelt Malloch

# Ganhar dinheiro não é pecado

## Como alcançar o sucesso sem vender a alma

Thomas Nelson
Brasil

Título original
*Doing virtuous business*



| | |
|---|---|
| Publisher | *Omar de Souza* |
| Editor responsável | *Renata Sturm* |
| Produção editorial | *Thalita Aragão Ramalho* |
| | *Daniele Duarte Dortas* |
| Capa | *Julio Moreira* |
| Tradução | *Marcus Aurélio Braga* |
| Copidesque | *Dulcileide Virginio do Nascimento* |
| Revisão | *Margarida Seltmann* |
| | *Cristina Loureiro de Sá* |
| Diagramação e projeto gráfico | *Cris Teixeira* |

CIP-BRASIL. CATALOGAÇÃO-NA-FONTE
SINDICATO NACIONAL DOS EDITORES DE LIVROS, RJ

---

M22g

Malloch, Theodore Roosevelt
Ganhar dinheiro não é pecado: como alcançar o sucesso sem vender a alma / Theodore Roosevelt Malloch; [tradução de Marcus Aurélio Braga]. - Rio de Janeiro: Thomas Nelson Brasil, 2011.

Tradução de: Doing virtuous business
Apêndice
ISBN 978-85-7860-187-4

1. Negócios – Aspectos religiosos – Cristianismo. 2. Ética empresarial. 3. Liderança – Aspectos religiosos - Cristianismo. 4. Eficiência organizacional. 5. Comportamento organizacional – Aspectos religiosos – Cristianismo. 6. Empreendedorismo. 7. Riqueza – Aspectos morais e éticos. I. Título.

11-2364. CDD: 261.85
CDU: 2-67:336

---


Rua Nova Jerusalém, 345 – Bonsucesso
Rio de Janeiro – RJ – CEP 21402-325
Tel.: (21) 3882-8200 – Fax: (21) 3882-8212 / 3882-8313
www.thomasnelson.com.br

Para *Sir* John Templeton
e todos os que humildemente buscam a verdade
e uma visão espiritual maior

Autodisciplina, sentimento de justiça, honestidade, lealdade, cavalheirismo, moderação, espírito público, o respeito pela dignidade humana, normas éticas firmes — todas essas são virtudes necessárias antes de ingressar no mercado e competir com os outros. São apoios indispensáveis que preservam tanto o mercado quanto a concorrência da degeneração. Família, igreja, relações de convivência genuína e tradição são as suas fontes.

— Wilhelm Röpke, *A Humane Economy*
[Uma Economia Humana], 1957

# SUMÁRIO

# Agradecimentos

TUDO COMEÇOU HÁ ALGUNS ANOS, em um belo, agradá vel e tranquilo dia de primavera, quando viajamos para as Bahamas e atravessamos os portões do renomado Lyford Cay Club. Meu coração disparou, pois estava prestes a encontrar, pela primeira vez, o maior investidor do mundo. Eu não estava ali, como muitos antes de mim fizeram, para obter alguma perspectiva útil sobre o mercado ou para descobrir em quais empresas ao redor do mundo deveria investir. Meu interesse ia muito além. Com o passar do tempo, tive o privilégio de ter muitas conversas e iniciar uma amizade que se transformou em um *desafio*.

*Sir* John Templeton era uma alma humilde, todavia intensa. Seu olhar era semelhante ao de um sábio, de alguém que, apesar de pertencer ao mundo dos negócios, também era pleno de conhecimentos espirituais, o que fazia com que exalasse *alegria*. Ele apresentou-me um desafio direto, porém simples: demonstrar como as empresas e os empresários que as iniciaram são guiados por uma força espiritual, arraigada na fé. Eu aceitei o desafio, e com o seu generoso apoio e meus próprios recursos, fundei o *Spiritual Enterprise Institute* [*Instituto de Empreendimentos Espirituais*]. Hoje temos um centro acadêmico de negócios multidisciplinar, dedicado a explorar e analisar o fenômeno moderno do empreendedorismo e do capital espiritual no contexto da globalização. Abordamos as suas atividades num quadro de virtudes que — enquanto realizadas e aplicadas de forma clara — são definidas, de certo modo, pela forma como acomodam as perspectivas de todas as tradições da fé. O *Spiritual Enterprise Institute* (SEI) tornou-se um centro internacional com elevada visibilidade e que exerce um grande impacto sobre as empresas e outras organizações, assim como sobre o mais amplo mundo corporativo e acadêmico.

Com um papel catalisador, o SEI ajuda a integrar os princípios espirituais e as práticas da virtude e da fé na missão, valores, planejamento, e operações de empresas e instituições nos Estados Unidos e por todo o mundo. Esse impacto tem um grande alcance — uma vez que está adequando, às gerações posteriores, a forma como as empresas operam e realizam transações comerciais no mercado global, para o aperfeiçoamento do homem e para a glória de Deus. Uma das características da integração bem sucedida do empreendedorismo espiritual é a renovação da liberdade da expressão religiosa nos locais de trabalho.

Esse trabalho não é fruto somente do meu próprio esforço. Tenho sido abençoado nesta vida com pais amorosos, uma querida e prestativa esposa, quatro filhos maravilhosos, muitos amigos e colegas e uma comunidade de clientes e simpatizantes que acreditaram e investiram muito em mim. Por isso eu lhes sou eternamente grato, reconhecendo plenamente que nenhum homem é uma ilha, nem se formou de seu próprio ser. Estamos em construção e há um propósito de Deus em tudo.

Tampouco este livro é um produto inteiramente único. Ele foi modelado pelas tendências ao longo do tempo, por conhecimentos próprios, por experiências e mentores. Tendo sido criado num lar em que era orientado pelos princípios da fé, nunca me afastei de minhas convicções. Minha formação intelectual e interdisciplinar, bem como uma vida de trabalho no mundo real, levou-me a empreender esta tarefa. Como um acadêmico que desde cedo se tornou um "consultor acadêmico", tive, talvez, a sorte de deixar meu "castelo de erudição" para participar com sangue, suor e lágrimas na vida ativa. Tenho me envolvido em política, investimentos financeiros e diplomacia, e nas últimas duas décadas, atuo como estrategista no mundo corporativo. De Davos para Aspen e todos os *resorts* e retiros existentes entre eles, tive a grande sorte de interagir com CEO (*Chief Executive Officer*) interessados em investir no futuro. Conheci, intimamente, a eles e suas empresas, aconselhando-os enquanto sondava suas almas. É sobre eles e suas empresas que este livro trata.

Reconheço ter uma grande dívida com Roger Scruton, a quem sou sinceramente agradecido por ter me ajudado imensamente na confecção desta obra. Também me beneficiei das conversas que tive com muitas pessoas, cujos nomes não mencionarei aqui, pois a lista é imensa, mas com eles, contudo, permanecerei eternamente endividado. Devo, no entanto, destacar Scott Massey, Nicholas Capaldi, Skip Weitzen, Ron Mahurin, e meu editor, Roger Kimball, que foram particularmente fundamentais na elaboração desta discussão e no desenvolvimento do argumento.

Uma palavra especial de agradecimento deve também ser dirigida à *Templeton Foundation*. Sua enorme generosidade, não só no capital investido para iniciar o trabalho, mas também pela amizade e cuidados pela sua manutenção. O Dr. Jack Templeton, atual presidente da fundação, e muitos de seus talentosos colaboradores — Artur Schwartz, Charles Harper, Barnaby Marsh, Kimon Sargeant e Pamela Thompson — formaram uma rede de colaboradores, à qual sou verdadeiramente grato, e por meio da qual fui imensamente auxiliado. Este trabalho é atualmente apoiado, na *Yale University Center on Faith and Culture*, através de uma nova contribuição da *Templeton Foundation*.

Cresci entoando antigos e *novos* hinos. Os que se tornaram inesquecíveis para mim incluem meus preferidos, *Hide It Under a Bushel, No* [Escondê-la Embaixo do Alqueire, Não!] e *Deep and Wide* [Grande e Profundo], e os hinos clássicos do século dezoito. Para mim, nossa fé sempre foi e ainda permanece sendo o propósito final do viver e do servir. A cada verão, minha família afastava-se do calor e da umidade que sofríamos em uma cidade no interior da Filadélfia para nossas férias em um campo localizado nas Montanhas Adirondack, no *Lake Pleasant* [Lago Agradável], cujo nome traduzia perfeitamente o que ele era. Ali experimentávamos uma calma e um frescor tal qual uma brisa celestial. Isso porque, provavelmente, eu entendia o "céu" como algo assim. Era um cenário religiosamente inspirado, porém sem aspectos denominacionais. Éramos chamados de *voluntários do evangelho* — como se fôssemos embaixadores "excurcionistas" de Cristo. E suponho que ainda o sou. Recordo o meu último verão ali, quando servi como conselheiro. Todos os domingos pela manhã, na capela, localizada no alto de uma colina, com vista para o eternamente agradável lago, marchávamos empunhando aproximadamente uma centena de diferentes bandeiras. Eram elas de quase todos os países do mundo — da América e Grã-Bretanha ao Zimbábue. À medida que avançávamos, a orquestra tocava e um coro em ebulição cantava com as vozes mais potentes e mais melódicas que já ouvira: "Coroemos o Senhor com muitas coroas... *O teu louvor e a tua glória nunca faltarão por toda a eternidade*".

Theodore Roosevelt Malloch<br>*Jupiter Island, Flórida*

•

# Prefácio

NOS TEMPOS BÍBLICOS, o direito à propriedade privada significava muito para o povo. Se não fosse assim, o mandamento "Não furtarás" não teria nenhum sentido. Havia muitos centros de comércio naqueles tempos e Jerusalém era um importantíssimo mercado, na intercessão de três continentes. Eram, também, abundantes geradores de lucro; a Bíblia é cheia de histórias sobre tais lucros e nos conta que foi com donativos provenientes desses ganhos que o imponente e belo Templo de Salomão foi construído. A propriedade, os mercados e os lucros são todos componentes fundamentais da tradicional economia, e não apenas ao relativamente novo e distintivo conceito de economia que conhecemos como capitalismo.

O capitalismo, para definirmos sua essência, é criativo, lógico e reúne uma série de medidas intelectuais tomadas em benefício da iniciativa privada. E tal iniciativa privada, ou empresa, é o ato de observar, descobrir e criar novas possibilidades antes que qualquer outro o faça. O que torna o capitalismo dinâmico é a sua própria origem e sua influência, como as inovadoras atitudes da mente, bem como seu enfoque sobre uma série de medidas práticas, assim como atividades e instituições fortes.

Nos tempos antigos e na Idade Média, a riqueza tinha origem, principalmente, na posse de grandes latifúndios, vinhedos e pomares ou em generosas recompensas oriundas do poder dominante. Mas, no alvorecer da era capitalista, a fonte de riqueza começou a mudar da propriedade de terras para a posse de percepções criativas — a lucrativa descoberta de novos e melhores produtos ou melhores processos de produção e distribuição de bens ou, ainda, por novos serviços nunca antes proporcionados. Como o capitalismo acabou estabelecendo-se, essa realidade básica tornou-se também uma realidade espiritual, da qual um dos centros vitais é um proveitoso gerador de discernimentos *[insights]*. Quando Ronald Reagan se tornou presidente dos Estados Unidos, em 1981, os computadores pessoais (PCs), os telefones celulares e a Internet eram desconhecidos para os consumidores, e muitas daquelas que hoje se tornaram nas maiores indústrias do mundo sequer existiam. Imensas fortunas foram feitas a partir dessas novas descobertas, e Bill Gates tornou-se o homem mais rico do mundo, particularmente por causa de suas patentes e *copyrights* ou, em outras palavras, por ser dono de fantásticas ideias.

Até mesmo o dinheiro — sempre considerado como fonte de corrupção, perfeito exemplo do apego material — delineia o real valor das características humanas, demonstrando pertencerem os caracteres muito mais ao aspecto espiritual do homem que simplesmente à sua realidade material. Quando as pessoas perdem a confiança nos governos e em moedas, o dinheiro torna-se relativamente sem valor.

Pensemos na Alemanha, durante o período Weimar, quando as pessoas precisavam de carrinhos de mão cheios de moedas para comprar um pedaço de pão. Quem poderia adivinhar que a fé em determinadas políticas seria de mais peso que o sólido e tangível dinheiro? Porém, ao longo da história, já se comprovou ser assim inúmeras vezes.

Anterior à introdução do capitalismo, tanto a sabedoria popular quanto a Bíblia asseguravam que "sempre teríamos os pobres conosco". A permanente existência de uma grande maioria de pessoas desesperadamente pobres não era vista como algo imoral, mas especialmente como um simples fato da vida. Ninguém trabalhou diligentemente para mudar essa realidade; ninguém considerou tal assunto como sendo uma tragédia ou um escândalo. Apesar disso, a introdução da economia capitalista na história mundial deu início, lentamente, a uma revolução na ordem moral. Conforme Hanna Arendt registra em seu maravilhoso livro *On Revolution* [Sobre Revolução], os europeus começaram a observar uma nova experiência em suas viagens à América do Norte onde, no espaço de uma ou duas gerações, permitiu-se que centenas de milhares de pessoas anteriormente pobres passassem a viver em confortáveis casas de sua propriedade, experimentando uma prosperidade sem precedentes em um local onde, na prática, a pobreza era sempre admitida como certa. Esse romance e sua realidade absolutamente surpreendente abalaram a consciência da Europa e, como Arendt argumenta, *die soziale Frage*, tal crise de consciência acabou por dar origem ao socialismo, ao comunismo e a outros movimentos de poderosas reformas sociais.

Foi Adam Smith quem, em 1776, formulou a mais importante de todas as questões revolucionárias até então já formuladas. Sua pergunta não foi: "Qual é a causa da pobreza?" — pergunta essa que, se corretamente respondida, poderia ter conduzido apenas à descoberta de como gerar mais pobreza. Em vez disso, a questão colocada por Smith, e que já havia sido negligenciada por Descartes, Tomás de Aquino, Aristóteles e todos os demais importantes filósofos antes dele, foi: "Qual é a natureza e a causa da riqueza das nações?" Smith foi a primeira pessoa na história a imaginar um mundo do qual a pobreza seria banida, um mundo de "abundância universal" onde cada mulher, cada homem e cada criança fossem libertas dos grilhões da pobreza. Esse era o seu objetivo. Esse foi um sonho consideravelmente altruísta e uma visão que, desde os seus dias até o presente, tem sido, também, a missão universal do capitalismo.

Considere isto: um grande milagre econômico tem acontecido no continente asiático desde o início da década de 1980. As gigantescas economias da China e da Índia optaram, até certo ponto, por um dramático giro em direção aos métodos econômicos capitalistas e conseguiram liberar o dinamismo do empreendimento e da iniciativa privada e a criatividade, tanto da população camponesa quanto da cosmopolita. Nesse processo, China e Índia retiraram mais de meio bilhão de pessoas da pobreza em um período de apenas trinta anos. Nunca antes um número tão grande de pessoas emergiu de uma vida sem esperanças em tão curto espaço de tempo.

Da mesma forma, Jagdish Bhagwati escreveu em sua brilhante obra *In Defense of Globalization* [Em Defesa da Globalização], que o enorme potencial criativo do capitalismo pode ser mais bem observado comparando-se as trajetórias da África e da Ásia ao longo do último quarto de século. Em 1970, um montante de 67% dos pobres de todo o mundo encontrava-se na Ásia, enquanto apenas 11% estavam na África. Por volta de 1998, no entanto, China e Índia já tinham retirado da pobreza tantas pessoas que essas percentagens quase que já haviam sido revertidas. Atualmente, a Ásia abriga 15% dos pobres do mundo, enquanto a África abriga 66% deles.[1]

Esse surpreendente desenvolvimento em duas das mais importantes nações do mundo demonstra, de modo vívido, que os novos negócios geradores de empregos — a maioria deles de pequenas empresas — são instituições estratégicas na moralmente vital perseguição em busca da justiça social. Negócios geradores de emprego não são exatamente os melhores, porém são a única esperança para os pobres. Os pequenos e grandes negócios são também a melhor esperança para uma sociedade civil; eles são os únicos a gerar fundos privados, permitindo que associações voluntárias possam satisfazer as necessidades da população marginalizada.

Os negócios são, de modo semelhante, a melhor esperança mundial para a democracia. Se a democracia proporcionasse às pessoas a oportunidade de escolher seus líderes regularmente, mas não oferecesse nenhuma possibilidade de melhorar sua condição econômica, tais pessoas achariam a democracia algo muito difícil de amar. O que as pessoas mais admiram na democracia, com toda a razão, é a oportunidade econômica e a prosperidade que podem alcançar. É esse capitalismo democrático, e não simplesmente a democracia, que elas entendem ser merecedor de sua devoção, energia e prática.

O capitalismo demanda transparência e uma honesta administração financeira com prestação de contas. O capitalismo insiste em um Estado de Direito e no estrito cumprimento dos contratos. Exige trabalho duro, criatividade, iniciativa e um espírito de responsabilidade e respeito. Ensina a paciente aceitação de pequenos lucros e prova o valor do firme e insistente progresso. Ao longo do século dezenove, a Grã-Bretanha alcançou uma média anual de crescimento de 1,5% de seu Produto Interno Bruto, com o surpreendente resultado de que o salário médio de um trabalhador comum quadruplicou no espaço de um único século. Hábitos morais como invenções, descobertas, trabalho duro, persistência, poupança e investimento produziram a maior melhora nas condições daqueles que viviam na pobreza — incluindo avanços na higiene, medicina, longevidade e bem-estar físico e emocional — em todos os anais da história.

O capitalismo carrega em si o potencial para imensas transformações, uma verdadeira e permanente transformação que é de ordem moral em sua própria natureza. Aquelas nações, povos e negócios que negligenciam a ecologia moral de suas próprias culturas não aproveitarão os frutos daquela transformação, e o capitalismo precisa ser essencialmente moral ou será hesitante, decadente e falho. O empreendimento espiritual, como este criterioso e eloquente livro sugere, é o capitalismo em sua mais profunda e importante forma.

— Michael Novak
*American Enterprise Institute*

•

# Prefácio da edição brasileira

O FINAL DO SÉCULO XX foi marcado por aquilo que foi batizado de "Bug do Milênio", contudo as preocupações apocalípticas não se confirmaram e este fato ficou somente registrado na História. Do mesmo modo, a humanidade adentrou no vigésimo primeiro século da Era Cristã acompanhando a consolidação de um fenômeno capitalista chamado de "Globalização" a qual, apesar de ter surgido na época dos Descobrimentos Marítimos, foi mais intensamente percebida, estudada e conhecida a partir da Revolução Tecnológica. A Globalização, além de andar de mãos dadas com a Democracia, tem como essência o desenvolvimento econômico global com suas naturais consequências: expansão do PIB mundial e o crescimento da arrecadação de impostos pelos governos, a partir do resultado financeiro das empresas e do poder de compra da sociedade. Com esta receita, os mercados internos movimentariam a economia de tal forma que governos e empresas teriam recursos suficientes para investir, ainda mais, em políticas e ações sociais e ambientais, muitas delas com o apoio do Terceiro Setor, em prol das camadas menos privilegiadas da população e do necessário Desenvolvimento Sustentável.

Mas, lamentavelmente, os primeiros anos deste novo século têm indicado que, na prática, as coisas parecem estar andando do lado oposto ao da teoria. Apesar de toda a geração de riqueza mundial o que vemos é o aumento da intolerância e das guerras, da falência dos recursos disponíveis no planeta e da intensificação dos desastres naturais, da fome, da sede e das doenças que se espalham nocivamente pelos quatro cantos do mundo, e o enfrentamento de uma crise econômica global gerada pela especulação financeira e liberalidade dos mercados, com requintes de uma ganância injustificável e que pode ser confirmada por aquilo que foi dito por Jesus Cristo: "o 'amor' ao dinheiro é a raiz de todos os males".

Sem sombra de dúvida, o mundo não vive uma crise financeira ou mesmo uma crise social, muito menos uma crise ambiental. De fato, vivemos sim, a pior das crises: a "crise de valores", com reflexos em todas as áreas de nossa vida seja como cidadão, profissional ou no seio da família. Sempre digo que governos, empresas e sociedades não possuem vida, são as pessoas que dão vida a elas, formando e impregnando nestas instituições um caráter que é pautado e alicerçado pelas "virtudes"! Evidentemente, se os valores e as virtudes estiverem positivamente calibrados, todas as ações colocadas em prática por governos, empresas e sociedades serão boas, corretas, honestas, íntegras e justas, ou seja, serão absoluta e naturalmente "éticas".

Ah! A Ética! Uma palavra pequena, tão falada e, na atualidade, tão pouco praticada. Todos nós sabemos seu significado, mas é muito difícil de explicar quando alguém pergunta: Afinal, o que é Ética? A Ética pode ser mais facilmente compreendida como "tudo o que for bom, tudo o que for justo, tudo o que for verdadeiro, tudo o que for nobre, tudo o que for correto, tudo o que for puro, tudo o que for amável, tudo o que for de boa fama"... Isto tudo é Ética!"

Cabe aqui outro questionamento: É fácil exercer a Ética? A resposta é: não! Primeiro, porque somos seres humanos e, portanto, falhos e imperfeitos. Segundo, porque nos deparamos com uma quantidade, cada vez maior, de dilemas éticos todos os dias e em todas as áreas de nossa vida. E, por muitas vezes, escolhemos o caminho correto, porém, em outras, mesmo quando queremos acertar, acabamos errando. Entretanto, não pode existir nada mais nobre, louvável e exemplar do que buscar a excelência quando o assunto é a Ética, seja como pessoa ou profissional, seja como governo ou empresa.

Existem centenas de definições para a Ética, todas igualmente importantes, todavia, uma que a ilustra muitíssimo bem e nos faz refletir sobre nossas próprias ações é a aquela escrita no dicionário da língua portuguesa elaborado pelo Professor Silveira Bueno: "a Ética é a parte da filosofia que estuda os deveres do homem para com Deus e a sociedade".

Mesmo para os mais céticos, podemos afirmar que somos um ser triuno, pois possuímos um espírito que tem uma alma e habita um corpo. E estas três dimensões do ser humano possuem necessidades específicas e, evidentemente, que o ser espiritual também as tem e estas necessidades somente poderão ser supridas pelo Deus-Criador.

E quando um homem ou uma mulher decide investir no ser espiritual, o próprio Deus começa a transformar nossos valores e a formar nosso caráter, os quais serão fundamentados em suas virtudes - que tem no amor a virtude maior - fazendo com que passemos a realmente ter sua imagem e semelhança e assim, nos tornemos pessoas melhores com poder espiritual para mudar o mundo!

Sem dúvida alguma, a obra de Ted Malloch é um livro de cabeceira para executivos e empresários ávidos em encontrar um novo propósito para suas vidas e um novo sentido para seus negócios. *Ganhar dinheiro não é pecado* demonstra como é possível conquistarmos o tão sonhado sucesso pessoal, profissional e financeiro alicerçado em nobres, louváveis e exemplares valores e virtudes, as quais serão mais facilmente encontradas em homens e mulheres que permitirem que suas vidas espirituais fluam de maneira a se conhecer e a deixar que sejamos conhecidos pelo Deus Todo-Poderoso, criador dos céus e da Terra e de tudo o que há neles.

Douglas Linares Flinto

*Fundador e Diretor-Presidente do Instituto Brasileiro de Ética nos Negócios*

•

# Empreendedorismo espiritual

DURANTE ANOS EU ESTIVE MUITO atento para algo que sempre me fascinava — a capacidade das pessoas que possuíam fé religiosa e comprometimento espiritual de obterem grande sucesso em seus negócios. Tal sucesso acontece, creio eu, porque a fé muda os negócios para melhor, da mesma forma que transforma vidas. A fé infunde nos negócios alguma coisa que eu denomino de "capital espiritual". Agnósticos e ateus também fazem uso do capital espiritual, mas somente aqueles que possuem fé conseguem renová-lo. E quando fazem a reposição do capital espiritual, eles beneficiam a todos nós.

A recente falência de empresas como WorldCom, Enron, Adelphia, Tyco e outras que também estavam no auge de seus voos, inundou as páginas dos jornais, os noticiários da televisão e as varas de justiça por todo o país com importantes e muitas vezes difíceis questões sobre a ética nos negócios — ou as consequências de sua preocupante ausência. De inventores a investidores, de capitalistas de risco a banqueiros de investimento e de empregados a gestores, pessoas envolvidas nas empresas americanas estão muito conscientes da necessidade de um melhor controle corporativo e de mais responsabilidade e transparência. Mas qual fonte de virtude informa como obter uma elevação do comportamento ético? E por que tal comportamento é tão essencial para a economia moderna, e dele dependem nossa liberdade criativa e nossa prosperidade? Muitas pessoas possuem uma ansiedade real com respeito à virtude — particularmente aquelas relacionadas aos negócios — porque é um conceito que está cada vez mais ausente de nosso vocabulário. Atualmente, o público em geral tem os CEOs em menor estima do que em qualquer outro momento da história, ficando eles logo abaixo dos advogados e políticos no *ranking* dos menos admirados. Em função dos crimes e escândalos perpetrados por muitas das companhias oficiais, as pessoas encontram-se, com toda a razão, desapontadas e até enojadas com o que têm vislumbrado nas corporações norte-americanas e nas suas metas e meios nefandos utilizados para atingi-las. Acredito firmemente que as empresas que objetivam *apenas* o lucro são, de fato, parasitas, e têm danificado a economia de uma forma geral, com suas visões limitadas e autocentradas de seu papel no mercado. Mas as empresas que se comprometeram a uma missão de caráter mais holístico e estão impregnadas de capital espiritual, geralmente corrigem seus erros e criam um genuíno progresso pessoal e social, ao mesmo tempo em que se sucedem fortes lucros. A indignação moral sentida pelas pessoas em resposta a décadas de escândalos é totalmente legítima e isso leva às convincentes perguntas sobre o verdadeiro propósito dos negócios e das virtudes necessárias para sustentá-los, assim como também para manter uma economia livre.

A ligação vital entre uma economia livre e a vida espiritual tem sido um importante tema nas ciências sociais e econômicas. Em seu revolucionário livro, lançado em 1921, *The Protestant Ethic and the Spirit of Capitalism* [A Ética Protestante e o Espírito do Capitalismo], Max Weber, geralmente reconhecido como o pai da sociologia moderna, argumenta que a ascensão do capitalismo pode ser explicada apenas como sendo um produto derivado do protestantismo e, especificamente, da ética calvinista. A ênfase protestante na responsabilidade individual diante de Deus reforça um espírito de um comportamento honesto e um cuidado para com a conduta moral, acreditava Weber. No entanto, sua tese não é completamente crível — não porque não exista nenhuma conexão entre o capitalismo e a ética protestante, mas porque a conexão é tanto maior quanto mais profunda do que ele entendeu. O capitalismo prospera não por causa de sua relação com o protestantismo, mas por causa de sua profunda ligação a um quadro de caráter essencialmente religioso da mente. Em uma série de livros que culminou com *Pyramides of Sacrifice* [Pirâmides do Sacrifício], publicado em 1974, Peter Berger argumenta que os valores religiosos são extremamente importantes na criação da confiança e do empreendedorismo que uma economia livre exige, e que a geração da riqueza, quando bem compreendida, é um exercício espiritual com um significado profundamente teológico, longe de ser simplesmente uma expressão de valores "materialistas". Berger escreveu a partir de uma perspectiva protestante, mas seus pensamentos ecoaram no teólogo e filósofo católico Michael Novak, autor do prefácio que abre este livro e que em *Business as a Calling* [Negócios como um

Chamado], demonstra como a tradicional teologia católica não apenas tolera os negócios, mas os vê como uma vocação através da qual temos a oportunidade de cumprir nossos deveres para com Deus e para com nossos irmãos. Novak descreve a economia capitalista — juntamente com a democracia e o Estado de Direito — como componente fundamental de uma empresa social abrangente. Juntos, eles criam as condições pelas quais a iniciativa individual e o potencial criador é liberado, e a cada membro da sociedade é oferecida a oportunidade de encontrar a satisfação.[1]

Nas sociedades, tanto nas avançadas quanto nas primitivas, existem apenas três possíveis modelos para a maneira pela qual a riqueza é criada. No primeiro, a riqueza é essencialmente misteriosa, guardada por espíritos ou deuses, que só muito relutantemente a oferecem aos mortais — que por sua vez, são obrigados a empregar mágicas e truques se esperam conseguir algo. No segundo modelo, as riquezas são adquiridas através de conquistas tribais, sejam através de clãs ou da nação como um todo, onde os bens são simplesmente confiscados dos perdedores. Essa noção pressupõe que a riqueza é um recurso fixo e que se uma pessoa ganha dinheiro, necessariamente outra o perde. Um terceiro modelo — o qual eu entusiasticamente apoio — é aquele que aplica a ideia de que a riqueza pode ser criada, e criada com maior sucesso quando empregamos dons e talentos que nos foram dados por Deus.

O capitalismo — apenas outra denominação para a livre economia — é um sistema em que o capital fica nas mãos de pessoas privadas, e cada um é livre para gastá-lo, desperdiçá-lo, investi-lo, guardá-lo ou dividi-lo com quem quiser. Na disputa quase secular entre capitalismo e comunismo, o capitalismo triunfou. Isso não foi nem porque o capitalismo seja mais eficiente, embora isso traduza a verdade, nem porque leve a uma distribuição de riquezas mais justa, ainda que faça isso muito bem. O capitalismo foi capaz de provar a sua superioridade porque é o único que expressa e preserva o dom da liberdade humana.

Em uma economia livre, as pessoas doam livremente suas energias, talentos e conhecimentos, pois desejam o melhor para si mesmo, para suas famílias e para os outros. E, ao mesmo tempo — como que "por uma mão invisível", e Adam Smith ficou famoso por esse conceito — eles também executam um serviço vital para a economia como um todo, gerando livremente a produtividade, algo que inevitavelmente diminui quando as pessoas são forçadas a preservá-la.

Uma economia livre se mantém ao gerar um impulso que permita aos indivíduos fazerem uso racional de seus poderes. Em um livre mercado, por exemplo, o preço é um guia confiável para a utilidade e a escassez de mercadorias, os salários são um guia confiável para o valor do conhecimento profissional e o lucro é um sinal de confiança de que um produto ou serviço é socialmente útil. Em uma economia livre, os indivíduos podem fazer o melhor uso de seus talentos, habilidades e experiências, ganhar dinheiro e gastá-lo, tudo na forma que acreditem lhes trazer a melhor recompensa. Eles são motivados a fazer aquilo que acreditam ser o melhor para si mesmos, e com isso beneficiam outros, aos quais estejam ligados através de uma rede de mútua concorrência e apoio.

"Bobagem", dizem os críticos do capitalismo. Existem coisas mais importantes na vida que o dinheiro e "ganhando e gastando devastamos nossos poderes", como Wordsworth afirmou. A partir dessa perspectiva negativa, o mercado capitalista situa o lucro no próprio centro da vida e então corrói o que deveria ocupar um lugar privilegiado — a moralidade, a lealdade, a caridade e a espiritualidade. O capitalismo e as corporações são inimigos da vida moral, argumentam esses críticos, e é a receita certa para uma sociedade cruel. De todos os cantos, os críticos do capitalismo acusam aqueles que realmente criam a riqueza a partir da ambição e do roubo de serem obcecados e egoístas, focando apenas em si mesmos.

Neste livro, eu procuro responder a essa crítica explorando um conceito que, em grande parte, escapou à atenção tanto de críticos quanto de defensores do livre mercado, mas que é absolutamente fundamental para a vitalidade de uma economia capitalista e para o sucesso e felicidade daqueles que se dedicam a ela — ou seja, a ousada ideia de que a produção de riquezas virtuosas significa a coisa mais importante que podemos fazer por nós mesmos e pelos outros, para a nossa sociedade e para o mundo em geral.

Nós criamos riqueza produzindo o que os outros consideram ser útil. E fazemos isso investindo os nossos talentos e esperando que, em última análise, sejamos recompensados, assim como Jesus descreveu na parábola há dois mil anos. O fator crítico na produção de riqueza não é a terra ou o trabalho ou o maquinário. É o empreendedorismo: a imaginação, a criatividade e o funcionamento de uma empresa. Isso não pode ser feito sem riscos, e o empreendedor bem-sucedido é aquele que sabe correr riscos, que assume a responsabilidade por seus resultados e atua com comprometimento em relação àqueles que ele incluiu em sua aposta. *Assim* é criada a riqueza. Na criação dessas riquezas devemos utilizar os dons de Deus de forma responsável, e desde que trabalhemos para alcançar esse objetivo em espírito de humildade e gratidão, beneficiaremos a todos aqueles com os quais lidamos no caminho.

Por outro lado, aqueles que criam riqueza com a finalidade de usá-la para exercer domínio sobre os outros, e que simplesmente a consideram como uma amplificação de poder pessoal, são parasitas na livre economia e nada acrescentam ao nosso bem-estar coletivo. A criação de riqueza, em sua verdadeira forma, é um processo a ser executado em conjunto, em que cada pessoa livremente concilia suas energias e recursos. Elas fazem isso porque, confortavelmente, confiam em seus valores morais na medida em que trabalham para atingir seus objetivos.[2]

A humildade e a gratidão não são apenas formas de as pessoas reconhecerem o seu Criador, nem são apenas gestos destinados a provocar simpatia nos outros. Eles são virtudes profundas, cujo objetivo é o de dirigir nossas atividades para o bem comum e para ajudar a liberar nossas melhores energias criativas. Essas virtudes são componentes extremamente importantes daquilo que chamo de capital espiritual, e muito deste livro é dedicado a explorar o fato de como surgem, como funcionam e como contribuem para um empreendimento bem-sucedido.

As pessoas que levam a sério sua fé consideram-se guardiãs dos recursos que lhes foram confiados, e também administradoras do seu próprio potencial. Elas não veem sua presença na terra como um mero acidente, uma coisa sem sentido ou sem explicação em termos transcendentais.

Em vez disso, as pessoas de fé reconhecem que possuem um propósito e que devem dar provas de seu valor ao Criador. Para elas, a liberdade de escolha não é uma ideia estreita ou legalmente circunscrita, mas sim a própria essência da vida humana, convidando-nos a escolher, a cada momento, entre o certo e o errado, entre o bem e o mal, entre o santo e o profano, na maneira como fazemos as coisas. Liberdade de escolha não é apenas um conjunto de possibilidades. Em vez disso, é uma espécie de profunda expressão pessoal, em que você aplica os dons e as faculdades que Deus lhe conferiu da melhor forma possível, sendo guiado por virtudes que coletivamente são preciosas. Longe de restringir o sucesso dos negócios, a fé amplifica drasticamente o nosso potencial econômico e permite que o livre mercado crie riquezas para todos nós, beneficiando a todos. Uma empresa virtuosa realiza duas coisas extremamente importantes: ela faz do mundo em que vivemos um lugar melhor, e permite que as nossas empresas se tornem mais bem-sucedidas e mais *rentáveis* do que em qualquer outra forma.

Escrevo como um cristão comprometido, mas o que digo não reflete uma teologia estreita ou sectária, nem especificamente cristã. Ao longo do livro, apresento exemplos de virtudes e empresas espirituais de outras religiões e, sinceramente, acredito que a empresa espiritual é, muitas vezes, conduzida por judeus, muçulmanos, hindus, budistas e outras perspectivas de crença, e que toda a tradição religiosa e espiritual oferece projetos para a construção do capital espiritual em todas as suas distintivas formas.

Quase que certamente, não há um único conjunto de princípios religiosos que regule um determinado sistema econômico. Em vez disso, independentemente da sua comunidade de fé, todas as pessoas espirituais fazem escolhas individuais e coletivas em que a fé pessoal é um fator decisivo. Os indivíduos são motivados, por sua fé, a prestar atenção em outros e em suas necessidades, consideram-se como alvos de julgamento e conduzem suas vidas pessoal e profissional sob um espírito de responsabilidade, tanto para com Deus quanto para com os demais seres humanos.

É importante ressaltar que o que acontece com a criação virtuosa da riqueza nos países desenvolvidos, também acontece nos países subdesenvolvidos. O empresário é tão essencial no que costumava ser chamado de Terceiro Mundo, como ele é indispensável no mundo desenvolvido. Os bens espirituais e morais proporcionados pela empresa e que são considerados como importantíssimos na África de hoje, também o são na Europa e na América do Norte. Economias entram em estagnação, em declínio ou em falência não apenas pela falta de material ou de investimentos monetários, mas também — e eu acredito ser este o mais importante — por causa de obstáculos esmagadores para o espírito empresarial.

O desenvolvimento requer crescimento econômico, que por sua vez, exige o impulso catalítico do empreendedor, e o empreendedorismo existe somente onde a liberdade de ação é combinada com a responsabilidade pessoal. Em todas as suas formas, a responsabilidade é um bem espiritual que é forjado pela fé, que a inspira e governa, e isso não surge, simplesmente, em outros caminhos.[3]

Sempre que a fé surge de forma dinâmica, você vê esperança e também o crescimento que a acompanha, como atualmente podemos assistir na Indonésia, nas comunidades *offshore* chinesas, na agora florescente economia da Índia e mesmo nas comunidades evangélicas da América Latina, que estão criando ilhas de livre comércio, apesar do rígido e, muitas vezes, corrupto controle estatal. Os seres humanos, quando guiados pela fé e pela esperança, agregam valor à natureza e a transformam de formas poderosamente positivas. Sem fé ou esperança, a humanidade simplesmente explora sem cuidado os recursos naturais, deixando-os exauridos, ameaçados e em muito alto risco.

A criação de riqueza requer investimento de capital. E eu acredito que a parte mais importante de qualquer investimento seja o capital espiritual com que uma empresa começa, e depois das flores e dos frutos provenientes desse investimento, a criação e a manutenção de talentos, além de muitas outras coisas mais, e todos nós prosperaremos em um vital vínculo espiritual.

•

CAPÍTULO 1

# Capital espiritual

A graça é dada por Deus, mas o conhecimento
é adquirido no mercado.

— Arthur Clough

O ESTUDO CLÁSSICO DE "empresas visionárias", *Built to Last* [Feitos para Durar], revela uma descoberta interessante: a empresa que prospera em circunstâncias onde seus rivais hesitam ou fracassam não é uma espécie de "máquina de lucros", imaginada pelos opositores do capitalismo corporativo. Pelo contrário, embora seu objetivo seja a rentabilidade, a empresa visionária entende o lucro da mesma forma que um biólogo entende o oxigênio — não uma meta da vida, mas algo sem o qual não existe vida. Uma empresa pode ser motivada por uma ideologia dos membros do grupo, que buscam preços baixos e a satisfação do consumidor, como o Walmart, ou pode ser movida por um desejo de oferecer uma contribuição real para a sociedade, como a

Hewlett-Packard (HP). Isto talvez possa até impressionar o mundo e até mesmo os seus próprios funcionários, que o principal objetivo da empresa seja honrar a Deus (como no caso da Dacor, que discutirei no capítulo 3). O ponto é que, de qualquer forma, quando uma empresa descreve seus princípios motivadores, o lucro não aparecerá como meta, mas como efeito colateral da realização desses princípios. Neste contexto, vale a pena citar as palavras de John Young, CEO da HP entre os anos de 1976 a 1992:

> Maximizar a riqueza dos acionistas tem sido um item de menor importância. Sim, o lucro é a base do que fazemos — é uma medida da nossa contribuição e um meio de crescimento autossustentável, mas nunca foi o *ponto principal* em si. O objetivo, de fato, é *vencer*, e o vencedor sempre é escolhido pelos olhos do consumidor, e sempre que realizar algo de que você mesmo possa se orgulhar. Há uma simetria de lógica nisso. Se fornecermos uma satisfação real para clientes reais, já seremos lucrativos.[1]

O que Young está dizendo é claro: visando exclusivamente ao lucro, você corre o risco de perder seu senso de propósito; perseguindo o seu senso de propósito, por outro lado, você ganha em lucros, como que através de uma "mão invisível". A moral e os valores econômicos não estão em concorrência; no contexto certo, a perseverança de um significa a obtenção do outro. Além disso, como a *Built to Last* demonstra em sua última mostra, através do contraste entre a HP e a Texas Instruments, a empresa que coloca o lucro no topo da sua agenda, fazendo tudo em subordinação a ele, rapidamente começa a perder sua margem de competitividade.[2]

Uma equipe de pesquisadores mostrou a estreita ligação, em casos especiais, entre a convicção moral e o sucesso nos negócios. Através do exercício da "imaginação moral", uma empresa pode contribuir para as metas morais dos seus membros, proporcionando-lhes a satisfação pessoal de fazer o bem, sem sacrificar o lucro.[3]

Alguns vão mais longe, sugerindo uma espécie de fundamento secular para a dimensão moral das empresas, como pessoas que penetram através dos negócios em relações morais com seus sócios, e o trabalho passa a funcionar como base da harmonia social, impregnando a vida com um propósito — desempenhando o papel que a religião uma vez representou.[4] Esses estudos levam-nos à longa estrada para a compreensão da base moral do capitalismo e dos recursos do capital social traçados por ele. Mas os estudos não vão longe o suficiente. Há uma profunda raiz do sucesso nos negócios, e isso é o que exploraremos neste livro.

## Capital social

Durante quase um século, os sociólogos, economistas e cientistas políticos acadêmicos têm desenvolvido o conceito de "capital social" com base na linguagem da economia, a fim de descrever os recursos sociais acumulados, herdados pelas novas gerações a partir de seus antecessores.

Esses recursos são utilizados na gestão do dia a dia da existência social, e incluem costumes, línguas, hábitos morais — em suma, todas as práticas que nos foram ensinadas por nossos pais, a fim de nos fazer introduzir como membros da sociedade. Essas coisas não podem ser inventadas novamente a cada geração, uma vez que são destiladas através de um longo processo de ajuste. Como muitos têm mostrado desde Tocqueville, as regras, os costumes e as tradições que permitem que as pessoas convivam em uma grande sociedade também são produtos da "mão invisível". Eles são os resultados positivos da cooperação e da competição entre vizinhos, e subprodutos espontâneos de suas tentativas de viver em paz. A mesma liberdade que produz a economia capitalista também produz o capital social, que é necessário para que tudo isso funcione com sucesso.

O Banco Mundial define capital social como "as normas e relações sociais incorporadas às estruturas sociais que permitam às pessoas coordenar ações para alcançar as metas desejadas". Robert Putnam, um cientista político de Harvard que fez do capital social sua especialidade, descreve de forma semelhante: "'Capital social' refere-se às características das organizações sociais como, por exemplo, redes, normas e confiança social que facilitem a coordenação e a cooperação para benefício mútuo." No best-seller *Making Democracy Work* [Comunidade e Democracia], lançado em 1993, Robert Putnam demonstrou, de forma convincente, o valor político, institucional e econômico do capital social. Em *Bowling Alone* [Boliche Solitário], ele apresentou um relato erudito e provocante da diminuição do capital social na América. Numerosos estudos econômicos comparativos, realizados pelo Banco Mundial e pelas Nações Unidas, corroboram o pensamento de Putnam: algumas regiões do globo ficaram para trás, enquanto outras se desenvolveram devido ao seu capital social.[5]

Um recente estudo analisa o papel que o capital social investido em uma empresa desempenha em seu sucesso econômico. Na revista eletrônica *In Good Company* [Em Boa Companhia], o capital social é descrito como "o estoque de conexões ativas entre as pessoas, a compreensão, a confiança mútua, os valores compartilhados e comportamentos entre membros das redes de ligação e comunidades humanas, e ações cooperativas possíveis". O capital social envolve os elementos sociais que contribuem para a partilha de conhecimento, inovação e produtividade. Torna qualquer grupo, organização ou cooperativa em algo mais que apenas uma coleção de indivíduos com a intenção de atingir suas próprias finalidades pessoais. Esse capital social, ao que parece, é parte tão integrante de uma vida de negócios que, sem ele, as ações corporativas — e, consequentemente, o trabalho produtivo — não seriam possíveis.[6]

Tal como o capital econômico, o capital social pode ser acumulado e investido. Ele é construído através da criação de redes de confiança e boa vontade, que permitam às pessoas reunir, espontaneamente, os seus recursos físicos e intelectuais em um empreendimento comum. Um trabalho inspirador intitulado *Trust: The Social Virtues and the Creation of Prosperity* [Confiança: As Virtudes Sociais e a Criação da Prosperidade], argumenta que as comunidades com uma cultura de confiança e responsabilidade são capazes de prosperar em circunstâncias adversas, criando riquezas aparentemente *ex nihilo*. Hong Kong, uma minúscula península sem recursos naturais e com cerca de

5% da população da China, tem sido responsável, regularmente, por 30% do PIB chinês. A diferença entre Hong Kong e a China continental (que tem todos os recursos naturais possíveis) encontra-se na cultura de confiança, que foi protegida pela administração britânica de Hong Kong, mas sistematicamente destruída pelos comunistas na China continental.[7]

As sociedades ocidentais têm acumulado um grande estoque de capital social na forma de cultura, redes, instituições e leis. Em cada área da atividade humana, eles aumentaram seus estoques, acumulando obras de arte e música, jogos e esportes, festivais e competições, através dos quais os indivíduos ensaiam seus sentimentos sociais e renovam seu comprometimento. O capital social pode ser sabiamente investido quando, por exemplo, escolhemos uma escola ou universidade e a equipamos com bons professores, bons livros e boas instalações, contribuindo assim para o fundo de conhecimentos e capacidades visando ao crescimento. Porém, isso pode sofrer redução, como vários investigadores têm demonstrado, através da retirada gradual do contato social. Também pode ser desperdiçado, e os evidentes resíduos do capital social são uma das mais infelizes características das nossas sociedades atuais. Esses resíduos têm sido documentados por diversos autores, que têm mostrado o caminho através do qual os recursos econômicos são direcionados para o sistema da previdência social. E não apenas os resíduos desses recursos, mas também os resíduos do próprio capital social produzem uma dependência do sistema previdenciário, o que impede com que as pessoas se mantenham nas mesmas condições de responsabilidade social que as demais. Assim, tal sistema acaba por subsidiar a indolência, esgotando os nossos professores, assistentes sociais e médicos com a ingrata tarefa de cuidar de pessoas que, muitas vezes, não estão realmente necessitadas de cuidados.

Alguns críticos do sistema de previdência social tornaram-se altamente controversos por conta do desafio que representam para as ortodoxias liberais. Somos herdeiros de uma longa tradição de livre discussão e diálogo aberto. Resolvemos nossos problemas discutindo-os e tentando descobrir suas causas e curas. As muitas instituições voltadas à livre discussão que temos construído ao longo do tempo representam um importante acúmulo de capital social. Universidades, jornais, revistas acadêmicas, Câmara e Senado, todas essas comissões são bens inestimáveis, onde aplicamos o precioso hábito da livre opinião, a fim de investir o nosso pensamento no processo coletivo do desenvolvimento social e da reforma política. Por uma série de razões, no entanto, já não podemos presumir que uma universidade vá permitir a livre discussão das questões que mais necessitem de solução. Líderes acadêmicos têm sido levados a se afastar de tais discussões que, embora verdadeiras, contrariam a ortodoxia feminista ou interesses políticos, demonstrando a enorme mudança cultural que ocorreu nas universidades norte-americanas. Onde antes havia uma cultura de investigação livre, existe agora uma cultura de doutrinação radical. A integridade e a visão educacional tem tido um papel secundário em relação à ideologia. Nesta e em formas similares, o capital acumulado vai diretamente da bolsa para o lixo. Esse capital pode ser desperdiçado e, com o tempo, perdido.

É claro, a verdade tem uma forma de se dar a conhecer, mesmo em tempos difíceis, quando existe uma penalidade para quem expressá-la. Ainda assim, não devemos ser complacentes. Devemos reconhecer que muito do nosso capital social nas sociedades ocidentais está sendo desperdiçada e que precisamos de um entendimento muito maior do seu valor, se quisermos investir como deveríamos. Também não devemos ignorar a razão para esse desperdício de recursos vitais. As ortodoxias da esquerda liberal das universidades e da cultura dos benefícios previdenciários do governo, pertencem ao mesmo quadro anticapitalista da mentalidade que enxerga o sucesso nos negócios como uma prova de "ganância", que imagina a criação de riqueza como semelhante a um jogo de "soma zero", e que culpa o capitalismo e a economia livre pela situação dos países pobres do mundo e pela existência dos grupos marginalizados. Eu acredito que essas atitudes são profundamente erradas. Mas elas são tão comuns e tão imunes à refutação entre os que foram por elas contagiados, que nós precisaremos explicar adequadamente por que eles surgiram e por que persistem.

Investimento inteligente significa investimento responsável, seja com o capital social, seja com o capital monetário. E o investimento será responsável somente se alguém prestar contas dele, da mesma forma que um conselho de administração é responsável perante seus acionistas ou um político eleito perante seus eleitores. Uma quantidade enorme de capital social passa, nesse momento, pelas mãos de burocratas irresponsáveis. Os dirigentes do nosso sistema de ensino público escapam de todas as penalidades cabíveis em função dos prejuízos sofridos pelos alunos na aquisição do conhecimento, devido a currículos degradados e excessivamente simplificados, à perda dos princípios morais, como por exemplo, a educação sexual, que foi desviada do seu verdadeiro objetivo, e em função da perda das boas maneiras e disciplina nos jovens, que precisam dessas coisas de forma completa, tanto quanto seus pais precisaram. Porém, estão sendo privados do legado que poderiam experimentar: uma vida bem-sucedida na sociedade.

Em suma, o capital social é como o capital econômico, em que é mais fácil perder do que ganhar, e mais fácil de gastar para a satisfação imediata do que aplicá-lo visando a benefícios de longo prazo, objetivo para o qual foi concebido. Ao pensar em nossa herança social como análoga ao capital econômico, aprendemos a protegê-lo e aumentá-lo, e ficamos cautelosos com as formas pelas quais possa ser desperdiçado e destruído. E uma das mais criativas formas de construirmos com o capital social é através da livre iniciativa, aspirando a isso como a um chamado.

## O capital social e o mercado

A livre economia não é a inimiga, mas a amiga do capital social. A livre economia é uma economia responsável, na qual o custo dos riscos recai sobre aquele que o assumiu, e na qual a recompensa vem para aqueles que pagam suas dívidas e que tratam de forma aberta e justa seus companheiros. Como sabemos a partir da lei de contratos, os contraentes em uma economia livre têm o dever de manter os acordos e compensar aqueles a quem prejudicaram por qualquer violação cometida. Essa é apenas uma forma em que a livre economia incentiva importantes virtudes, notadamente a honestidade, a responsabilidade e a capacidade de aceitar o custo da tomada de risco. Essas virtudes são uma parte fundamental do capital social. São virtudes que nós ensinamos aos nossos filhos, e que lamentamos quando descobrimos que inexistem ao testemunharmos as fraudes e roubos que se escondem nas fendas da economia moderna — e em nenhum outro lugar encontramos mais fraudes e roubos do que nas enormes burocracias da economia moderna.

Os defensores da intervenção do Estado contam outra história. O mercado, dizem eles, corrói as virtudes humanas, colocando o egoísmo à frente da compaixão. Eles veem o setor privado e os mercados livres como moralmente corruptíveis, sendo fontes do mercantilismo, do materialismo e do individualismo. Como o poder de um governo central é necessário para dobrar e dirigir a sociedade rumo ao seu ideal, os esquerdistas que veem com bons olhos o aumento do poder do governo sobre o setor privado, consideram a distribuição de recursos econômicos através de agências governamentais o caminho para mudar o rumo dos negócios do lucro privado, "para o autoaperfeiçoamento espiritual do homem", segundo a frase de Isaiah Berlin. Desta forma, a crítica moral da livre economia conduz, imperceptivelmente e pela sua própria vontade, à defesa do controle estatal, que, por sua vez, significa controle por parte dos burocratas. Dito de outra forma: ao desprezar os fins lucrativos, nós avançamos, insensivelmente, em direção a uma situação na qual os que assumem os riscos são controlados por outros que não correm risco algum, e cujos custos são cobertos a cada momento pelo Estado que tudo provê. Pensar nisso como uma melhoria edificante é perder de vista o verdadeiro papel do caráter moral — formar o caráter, incutir responsabilidades e estabelecer, assim, a dignidade e a felicidade no indivíduo e nas comunidades que as pessoas criam e sustentam.

Existe outra tradição que vê a livre economia como parte integrante da vida moral, das virtudes que a sustentam e que dela também dependem. Como Adam Smith deixou claro, a livre economia que é defendida em *The Welth of Nations* [A Riqueza das Nações] depende, em cada ponto, da afinidade racional que ele descreve, de forma emocionante, em *The Theory of Moral Sentiments* [Teoria dos Sentimentos Morais]. A ideia de um conflito entre o mundo "egoísta" do livre mercado e do mundo "benevolente" da solidariedade humana é um mito. Os dois mundos florescem juntos e dependem da mesma capacidade das virtudes morais para que possam prestar os seus benefícios. E a relação entre a virtude e a livre economia é recíproca. Um livre mercado depende da honestidade e responsabilidade, mas também tende a produzir essas virtudes. As pessoas podem ter sucesso em curto prazo, através de fraudes e truques, mas o mercado logo as expõe, sendo descobertos, como foram, os diretores da Enron. O sucesso em longo prazo depende da confiança, e as pessoas confiam apenas naqueles que têm demonstrado honestidade, responsabilidade, capacidade de negociação justa e que estejam dispostos a aceitar o custo dos seus próprios riscos assumidos.

É por isso que a teoria do capital econômico e da teoria do capital social não são duas, mas apenas uma mesma teoria. Elas descrevem dois insumos necessários para a economia moderna e também dois recursos indispensáveis, a partir da qual uma economia saudável e próspera pode crescer. E uma comunidade saudável e próspera pode se encarregar de seu próprio futuro.

## Capital espiritual

A ideia do acúmulo e do investimento de capital pode ser usada para descrever outros insumos igualmente importantes para uma economia próspera. O termo "capital humano" surgiu pela primeira vez em 1961 em um artigo da *American Economic Review* [Análise Econômica Americana], "Investment in Human Capital" [Investimento em Capital Humano], escrito por um economista vencedor do Prêmio Nobel. Desde então, os economistas têm carregado muito na bagagem sobre o conceito, mas a maioria concorda que as habilidades, a experiência e o conhecimento, incorporados em seres humanos, são uma espécie de capital que desempenha um papel indispensável na geração do lucro.[8] Alguns acrescentam a esses também a personalidade, a aparência, a reputação e as credenciais para o mercado.[9] Ainda outros gurus da administração equiparam o capital humano com seus proprietários, sugerindo que ele consista de "pessoas instruídas e qualificadas".[10] Thomas O. Davenport, em sua obra *Human Capital: What It Is and Why People Invest It* [Capital Humano: O Que é e Por que as Pessoas Investem Nisso] demonstra, através de exemplos, as muitas maneiras em que as habilidades, a experiência e as virtudes do empregado constituem um ativo real e lucrativo da empresa. De fato, tornou-se quase banal afirmar que os mais importantes ativos para o desenvolvimento econômico e para o comportamento da empresa são os ativos humanos.

A antiga divisão dos "fatores de produção" em terra, trabalho e capital tem agora um ar decididamente antiquado. O trabalho tem sido absorvido em capital humano e a terra é apenas uma dentre as diversas matérias-primas que o capital transforma.[11]

Mas há outra aplicação do conceito de capital que ainda é, muitas vezes, negligenciada e que serve de base para tudo o que as pessoas têm observado no sutil funcionamento do capital humano: o capital espiritual, que é o tema deste livro. Dois economistas ganhadores do Prêmio Nobel usaram o termo "capital espiritual" em seus escritos, referindo-se ao aspecto do capital que está ligado à nossa vida espiritual.[12] Pretendo tornar o significado mais preciso, mostrando exatamente o que vem a ser o montante de capital espiritual na prática. Para o momento, podemos defini-lo como o fundo de crenças, exemplos e compromissos que são transmitidos de geração em geração através de uma tradição religiosa, e que une as pessoas para a fonte transcendental da felicidade humana. Forneceremos dois exemplos históricos para ilustrar o que isso significa.

Em 1807, após décadas de diligente persuasão legislativa e comercial, William Wilberforce, membro do parlamento britânico, finalmente conseguiu, com muita dificuldade, pôr fim ao tráfico de escravos. A abolição da escravidão em si ocorreu décadas mais tarde, porém as comoventes ações de Wilberforce acabaram por colocá-la em movimento. O que o motivou e também ao Grupo de Clapham foi uma verdadeira fé evangélica, na afirmação da dignidade do homem como sendo criado à imagem de Deus. Utilizando o capital espiritual construído ao longo de séculos de fé, foram eles conduzidos a uma das maiores e mais importantes práticas comerciais e econômicas da história ocidental.

Avançando rapidamente até meados do século vinte, bem no coração da América, encontraremos uma comunidade holandesa às margens do Lago Michigan. Um brilhante líder empresarial estava empenhado em uma articulação de um conjunto de práticas de negócios chamado de "liderança baseada em valores", o que levou a uma maneira inteiramente nova e profundamente espiritual de condução dos negócios. Ele fundou uma empresa que não era bem uma loja popular de "um e noventa e nove". Essa empresa acabou por tornar-se uma *Fortune 500*, uma gigante com registros de vendas de mais de um bilhão de dólares. O diretor executivo da Herman Miller, que fabrica móveis de escritório, foi Max DePree, um ex-diretor de escola, de seminário e autor de alguns títulos notórios.

A visão de Max DePree foi baseada em sua compreensão teológica reformada do homem, da liberdade e da economia. Em uma linguagem ilusoriamente simples, ele descreveu um enfoque espiritual para a liderança na corporação que ele mesmo pôs em prática durante toda a sua permanência à frente dos negócios. Líderes em todos os níveis, disse ele, são responsáveis pelos recursos que têm em mãos. O líder inteligente reconhece a diversidade humana e utiliza plenamente os dons e talentos dos seus funcionários. DePree vigorosamente defendeu e praticou uma gestão de persuasão, participação democrática, relações de aliança e trabalho em equipe, repousando sobre o propósito compartilhado, sobre a dignidade e as escolhas. Na verdade, ele muitas vezes comparou a liderança em um ambiente de negócios com a arte de liderar um grupo de jazz.

Os economistas, que muitas vezes são divorciados da experiência da vida real na economia, são especialmente tentados a adotar um modelo simples do ser humano como uma criatura impulsionada pelo custo e pelo benefício. Esse modelo do indivíduo, que chegou até nós a partir de Hobbes e Mandeville, inspirou a moral utilitária de Bentham e de seus seguidores, e é pressuposto por inúmeros livros de teoria econômica neoclássica. O *Homo economicus*, no entanto, não existe e nunca existiu. Ele é uma abstração conveniente a partir da real complexidade da vida do ser humano. Adam Smith observou isso claramente e não deixou de considerar as condições morais da economia de mercado — os sentimentos de simpatia, benevolência e compaixão, de reprovação, aprovação e indignação que sustentam a ordem social e que tornam possível o exercício dos negócios em primeiro lugar. Os seres humanos não são apenas maximizadores do lucro. Eles têm escrúpulos morais, compromissos pessoais e o desejo de felicidade. Esses princípios delimitam os planos para o lucro pessoal e também estimulam a busca por um lucro que honre nossos valores mais elevados.

Um cínico poderia responder que essas restrições morais ao lucro significam que os prêmios irão para os defensores da imoralidade. Aqueles que forem isentos de escrúpulos e de compromissos, que conseguem superar tudo e todos movidos pelo egoísmo, suplantando assim os mais tímidos, serão esses que experimentarão o sucesso no mercado. Essa, em essência, é a visão da esquerda liberal ortodoxa, que prevalece em muitas instituições ocidentais. Porém, isso é o oposto da verdade, como mostrado em *The Moral Advantage* [A Vantagem Moral], um clássico estudo de líderes empresariais moralmente motivados. Os sentimentos morais que condicionam a vida econômica também devem promovê-la. Ao criar a confiança da qual a economia de mercado depende, esses sentimentos proporcionam estabilidade a quem os possui, ao assegurar uma posição de solidez, para que obtenha sucesso nos negócios.[13]

O modelo do ser humano baseado no custo-benefício é errado em um ponto importante. Nós somos seres morais, de todas as maneiras que Adam Smith descreveu. Mas também somos seres espirituais. Procuramos a fonte transcendental dos nossos valores. Juntamo-nos com outras pessoas em atos de adoração e oração. Através da disciplina espiritual, de hábitos e de exercícios, absorvemos o legado do conhecimento espiritual que está contido em uma tradição religiosa. É difícil colocar esse conhecimento em palavras — ou palavras além das providas pela adoração e pela oração. Mas para todos que creem, esse é o verdadeiro conhecimento, que nos guia em nossa vida diária e nos ajuda ao longo do caminho rumo ao sucesso.

Essa é uma lição que as pessoas estão começando a aprender, como pode ser verificado digitando-se as palavras "trabalho espiritual" em qualquer ferramenta de busca na Internet. O Google produz milhares de entradas. Mais e mais empresas estão reconhecendo que o seu sucesso depende da prestação de algum tipo de satisfação espiritual, e não apenas da satisfação material, da sua força de trabalho. O *International Center for Spirit at Work* [Centro Internacional de Espírito no Trabalho] é dedicado a incentivar as empresas a levar a sério a vida espiritual de seus empregados. Empresas líderes em todo o mundo — o *SREI International*, por exemplo, assim como o *Times* da

Índia, começaram a criar políticas e programas destinados a promover os valores espirituais no local de trabalho. Um estudo, *A Spiritual Audit of Corporate America* [Auditoria Espiritual da América Corporativa], concluiu que os executivos estavam ansiosos para descobrir modelos para a prática da espiritualidade no trabalho. Mas porque tais modelos são escassos, e é impossível separar a fé da pessoa que faz uso deles, os executivos muitas vezes relutam em colocá-los em ação, por medo de ferir sensibilidades e serem acusados de ofensa.[14] O influente livro *Megatrends* [Megatendências], que previu a chegada de economia da informação, e na sequência dele, o recente *Megatrends 2010*, que prevê uma "economia de consciência", argumentam que o aumento da espiritualidade no ambiente de trabalho é "uma tendência que está prestes a tornar-se uma megatendência".[15] Outros veem a ascensão do movimento "espírito de trabalho" como parte de uma tentativa de todo o país para compensar a fragilidade das velhas instituições, especialmente a família e a escola, através das quais os valores espirituais são transmitidos. Até mesmo a *Harvard Business School*, recentemente, fez questão de apresentar os valores espirituais em alguns de seus cursos.[16]

Desta e de várias outras maneiras, vemos o mundo corporativo virando-se para a direção que discuto neste livro. Porém, apesar de toda a conversa sobre valores do espírito e espiritualidade, tem havido pouco reconhecimento do fato espiritual fundamental, que é a fé. Todo mundo, frequentemente, usa o termo "espiritual" para denotar a sensação de fome existencial que ainda resta quando todos os apetites do corpo já foram satisfeitos. O "espiritual" significa um tipo de resíduo inútil da atividade humana, um lugar de confusão a que se chega quando todos os nossos objetivos imediatos são transcendidos e a questão do significado nos olha na cara. A verdadeira fé é o oposto disso: não é um resíduo, mas uma fonte, um manancial de sabedoria e inspiração que nos conduz e gera ação, fornecendo-nos o verdadeiro propósito em tudo o que dizemos e fazemos.

Evidentemente, existem muitas religiões diferentes, e ninguém favorece a pregação de um ou de outro no ambiente de trabalho. Isso não apenas seria uma violação grosseira da liberdade de consciência — um elevado valor do qual a nossa sociedade depende para a sua abertura e sua notável capacidade para reconhecer diferenças e eliminar potenciais conflitos — mas seria semelhante a alienar-se para inspirar o grupo. No entanto, referindo-se ao capital espiritual, não me refiro apenas à fome espiritual que frequenta o ambiente moderno de trabalho, ou às formas de meditação, aconselhamento ou ao conjunto que uma empresa pode fornecer para satisfazê-lă. Mas quero dizer sobre a fé e a tudo o que dela deriva, uma vez que esses legados são aplicados nos negócios por aquele que os possui ou faz uso deles. Meu argumento aqui é que existe realmente algo como o capital espiritual, que possui uma função e potencial econômico comparável a outras formas de capital, e que é usado em negócios da mesma forma que o capital social é utilizado.

Por outro lado, este não é um livro de apologética ou de teologia, mas sim sobre as fontes do sucesso empresarial. Referindo-me ao capital espiritual, estou reconhecendo o grande aumento do espírito humano que vem através da fé. Na adoração e na oração, nos entregamos a um poder maior, e aprendemos a viver com confiança. Confiando nossas decisões a essa potência maior, nos tornamos mais seguros em tomá-las. E na adoção da disciplina e da humildade oriundas da religião, colocamo-nos prontos para lidar com as nossas falhas e operar honestamente com os outros.

A tradição religiosa não é uma coisa arbitrária ou inventada. Ela surge através de muitas gerações segundo as necessidades espirituais de cada comunidade. E santifica a sabedoria acumulada que as pessoas adquirem através da vivência das histórias sagradas, ponderando exemplos e aprendendo a reconhecer suas falhas. Esse tipo de sabedoria não pode ser contido em uma fórmula. Ela não é ensinada nas escolas de negócios. Ela existe através da fé, e sua manifestação mais facilmente reconhecível é nas virtudes de quem a possui. Aqueles que acreditam que você pode ser bem-sucedido nos negócios sem o uso da fé estão naturalmente certos: você pode ser bem-sucedido em qualquer esfera, desde que você tenha sorte, habilidade e confiança em seus próprios poderes. Porém, muitas vezes você será bem-sucedido com base no capital espiritual construído por outros e armazenado nas virtudes de um mercado de trabalho ou nos costumes desse mesmo mercado. E vale a pena apontar que os empresários nos Estados Unidos e em outros países estão muito distantes da imagem do ateu pragmático e egoísta que a TV caricaturou em seu papel social estereotipado. Em um estudo das elites norte-americanas, os sociólogos descobriram que, ao lado de oficias das forças armadas e profissionais eclesiásticos, os empresários foram os que mais participaram semanalmente dos cultos de uma igreja do que qualquer outra elite: o dobro dos assessores do Congresso, quatro vezes mais que os profissionais da mídia, e nove vezes mais que as elites da TV e da indústria do cinema.[17]

Essa correlação entre os profissionais de negócios e a fé religiosa não deveria nos surpreender. Somente a desacreditada caricatura dos negócios como um jogo de "soma zero", onde o lucro de cada pessoa é igual ao prejuízo de outra, e no qual a busca implacável do lucro é o único propósito do jogo, convence as pessoas a ignorar o que certamente deveria ser óbvio: que nos negócios você se expõe a críticas, toma riscos, adquire pesadas dívidas de sua própria responsabilidade e tem sua relação moral com outras pessoas à vista de todos, de tal maneira que exige de você uma medida de moralidade mais séria e robusta, muito maior do que a necessária para sobreviver em alguns setores da amortecida burocracia estatal ou em uma confortável cadeira acadêmica. O livre negócio é o verdadeiro teste da vida moral, e aqueles que nele se empenham estão se colocando em uma posição na qual a confiança na bondade de Deus é a mais segura garantia de sucesso. Esta, no entanto, não é a única razão pela qual tantos empresários são devotos de uma religião. Se estudarmos o funcionamento do capital espiritual, veremos que a sua principal manifestação reside nas virtudes das pessoas. Adoração e oração não são ocorrências isoladas ou partes desconectadas da vida humana, são formas de disciplinamento do espírito para que ele ouça e seja guiado por um poder superior. E o resultado imediato é a formação do caráter humano, que por sua vez, transforma a cultura nacional, bem como a das empresas. Os vícios perdem sua atratividade e as virtudes se tornam mais fáceis quando a disciplina espiritual exerce sua influência sobre a personalidade humana. Naturalmente, os ateus e os agnósticos podem ser pessoas por demais virtuosas. Mas falta-lhes um fácil e transparente percurso rumo à virtude: o caminho da oração. Dito isso, vale a pena olhar para o tema da virtude a partir de uma maior perspectiva laica e clássica, a fim de convencer o leitor de que existe realmente algo assim e que de fato ela possui uma função na vida das empresas. Nos capítulos seguintes explorarei a conexão entre a virtude e o modo de vida religioso como manifesto nos negócios.

CAPÍTULO 2

# Virtude

Digo-te que a virtude não é dada pelo dinheiro, mas que da virtude vem o dinheiro e todos os outros bens do homem, tanto públicos como privados.

— SÓCRATES

É COMUM À NOSSA ÉPOCA entender a vida moral como uma questão que envolve seguir regras ou princípios ditados. Se descobertas pela razão ou estabelecidas por Deus, essas regras são o que precisamos ensinar a nossos filhos e o que nós mesmos devemos seguir. Esta ênfase no comportamento regido por regras é comum àqueles que, como Kant, introduziram o dever moral no cerne do pensamento, e também àqueles, como Bentham e os utilitaristas, que desviaram nossa atenção da razão oriunda da obediência para o objetivo do utilitarismo.

Os escritores antigos raramente se referem a regras ou princípios. Para eles a vida moral não era uma questão do que se faz, mas do que se é. O conceito fundamental não era o direito, mas a virtude (*virtus*, em latim; *areté*, em grego), e a tarefa do moralista era descrever as virtudes que devemos seguir e ensinar aos nossos filhos. Deste modo, Sócrates, Platão e, principalmente, Aristóteles criaram o conceito de vida moral. Os romanos seguiram o mesmo caminho, e é interessante observar que as palavras de Cícero e Quintiliano correspondem, estritamente, ao pensamento pronunciado alguns séculos antes na China, pelo grande sábio Confúcio. Como Confúcio, os gregos e os romanos tentaram encontrar uma base para a conduta moral na natureza humana. E, também como Confúcio, eles acreditavam que a ideia central era a virtude.

Alasdair MacIntyre argumentou, em seu clássico *After Virtue* [Depois da Virtude], que o "individualismo liberal" do Iluminismo tentou substituir a velha ética da virtude por uma ética da livre escolha ainda que, objetivamente, vinculada a regras. Mas, porque a busca por essas regras sempre foi malsucedida, essa tentativa levou ao relativismo e à crueldade que percebemos ao nosso redor hoje.[1]

MacIntyre pretendia redirecionar o nosso pensamento moral em direção à ideia de virtude, e isso eu aplaudo inteiramente. Mas onde encontrar a virtude no mundo moderno, e quais as instituições que a promovem? MacIntyre não dá nenhuma resposta. Mas há uma resposta sobre como encontrá-la; eu sugiro, nos negócios. Os "pequenos pelotões" que, segundo Burke, formam o sentido moral e o caráter do indivíduo, e que Tocqueville depreendeu serem a espinha dorsal moral da jovem democracia americana, encontram sua manifestação mais vívida e eficaz no mundo dos negócios. Assim, as empresas lideradas pela fé criam o espaço moral exigido pela virtude. E respeitando seus propósitos, devemos permitir que cresçam como deveriam.

Aristóteles afirmava ser a virtude essencial à felicidade. Os benefícios conferidos pelas virtudes eram, em primeiro lugar, para o indivíduo que a possuía, e não para a comunidade da qual ele fazia parte. Aristóteles foi ainda mais longe ao definir felicidade utilizando conceitos vinculados à virtude: a felicidade [*eudaimonia*] é "uma atividade da alma em conformidade com a virtude". Essa definição é tão válida hoje como era quando foi apresentada pela primeira vez por Aristóteles, como pedra angular de sua teoria ética, mas vai totalmente contra os ensinamentos dos modernos "peritos da felicidade", cujas tentativas de mensurar a felicidade podem, realmente, reduzi-la a uma sucessão de prazeres momentâneos. A felicidade, segundo Aristóteles, não é composta de sensações fugazes, nem é distribuída da mesma forma para altruístas e pessoas egoístas. Ela envolve uma satisfação decidida por seu próprio destino, consigo mesmo e com os outros. Não é uma experiência, mas uma condição para que floresça, segundo a nossa natureza, como uma árvore que floresce em solo fértil, ou um peixe que cresce na água limpa.

Segundo Aristóteles, só podemos alcançar essa condição através da virtude. Ensinamos nossos filhos a serem corajosos, sábios, justos e moderados porque sabemos que isso vai fazer com que sejam respeitados por seus companheiros, seguros em suas decisões e capazes de assumir total responsabilidade por suas vidas. Esse é o caminho para a felicidade. Também é a maneira pela qual o indivíduo serve à comunidade: a felicidade do indivíduo e a prosperidade da comunidade são alcançados através da virtude.[2]

Obter sucesso nos negócios é algo similar. O sucesso pode acontecer acidentalmente. Mas os acidentes eventuais não podem ser previstos. Nós nos preparamos para o sucesso através da aquisição de virtudes e disposições que nos ajudam a assumir riscos, a tomar decisões, a assumir a responsabilidade por nossas ações e a aceitar sábios conselhos. Estas virtudes são a parte mais importante do nosso capital humano. Nós não as inventamos para nós mesmos. Em vez disso, elas crescem organicamente ao longo do tempo, através da história, da tradição e da experiência, e estão cristalizadas nos exemplos dados quando se tem uma ação digna. Os conhecimentos adquiridos por meio dessa tradição e de exemplos, como a virtude, ultrapassam a esfera do favorecimento. Teorias abstratas e corporações com regras "universais" são vistas como a imagem da marca do conhecimento verdadeiro, mas não são; enquanto a tradição e o exemplo são considerados conhecimentos incompletos e provincianos. No entanto, as virtudes fazem parte da nossa herança coletiva. Pela fé, pela tradição e pela disciplina religiosa nós as adotamos. Por isso, precisamos falar do capital espiritual.

Filósofos e moralistas tendem a concordar com as principais virtudes listadas por Aristóteles: temperança, coragem, justiça e sabedoria prática [*phronesis*]. Ao reunir essas virtudes cardeais [termo proveniente da palavra latina *cardo*, ponto principal], enfatizamos que tudo gira em torno delas: que sem elas, seguramente, outras virtudes não podem ser adquiridas ou exercidas. Mas o que se entende pelo que chamamos de virtude? Quando digo que há uma virtude em um cavalo que tem um galope constante, ou que há uma virtude em uma cadeira que é confortável para sentar, estou dizendo que o cavalo ou a cadeira são úteis para o mundo dos interesses humanos. Ser constante no galope é uma característica de um equino por que nós, como cavaleiros, temos interesse. Do nosso ponto de vista, quanto mais constante, melhor ele é. Quando, porém, falo sobre as virtudes de um ser humano, eu quero falar sobre algo mais abrangente. Eu não quero dizer que a mesma coisa que é útil para um é útil para outros. Quero dizer que existem hábitos que contribuem para a realização humana, e, em primeiro lugar, à própria autorrealização. Nós todos temos interesse em cada uma das outras características, mas também temos interesse em comandar o nosso próprio caráter e o que fazemos com ele. É por isso que distinguimos as virtudes dos vícios, reconhecendo que a nossa mais íntima convicção não será afetada por nossos hábitos, e que os bons hábitos não proporcionam apenas o sucesso em nossos empreendimentos, mas trazem tranquilidade interior e paz de espírito.

Aristóteles também tinha essa mesma opinião. O contexto no qual ele desenvolveu seu argumento — o contexto da cidade-estado grega, que estava em constante e acirrada disputa comercial e militar com os seus vizinhos — está muito distante do contexto em que uma empresa moderna atua. No entanto, seu argumento tinha como objetivo delimitar o que é permanente na natureza humana, com o intuito de identificar as qualidades que as pessoas necessitam em todas as circunstâncias da vida para poderem alcançar a satisfação que está ao alcance de sua capacidade. Ele interpreta as virtudes como disposições, ou seja, o que aprendemos pela imitação e pelo hábito, mas que não se limitam às reações instintivas. A pessoa virtuosa não adquire somente novos e mais disciplinados *comportamentos*, ela adquire também novas e mais gratificantes razões para agir. Para ser uma pessoa verdadeiramente corajosa, não é suficiente imitar as ações de outra pessoa corajosa; em relação às circunstâncias inesperadas, é impossível saber como agir. Para ser corajoso é necessário ter a mesma motivação que uma pessoa corajosa tem. Ou seja, o desejo de ser honrado e bom, apesar do custo em termos de desconforto e risco pessoais. O ponto central sobre a virtude está na questão da confiança, e em como as pessoas se tornam confiáveis quando são motivadas de forma correta. Em um momento de perigo, voltamos o nosso olhar para uma pessoa corajosa, pois sabemos que ela vai garantir que o bem comum esteja acima de sua própria segurança pessoal e, portanto, criará, através de sua liderança e exemplo, a melhor oportunidade para que o perigo atual seja superado.

Os gregos entendiam a virtude como sendo uma coisa única. Cada uma das quatro virtudes cardeais dependia das outras e, ao mesmo tempo, amplificava-as. Uma pessoa corajosa deve ser moderada, caso contrário ultrapassará o limite. A coragem descomedida não é coragem, mas ousadia, e a coragem, por outro lado, precisa da temperança, se for necessário mostrar o seu próprio valor — a coragem de enfrentar a tentação e a pressão dos colegas e, mesmo assim, dizer não. Mas uma das grandes dificuldades que os filósofos gregos enfrentaram foi a de incorporar a justiça em seu esquema moral. Podemos classificar a coragem, a temperança e a sabedoria como benefícios para a pessoa que as possui — os traços de caráter que trazem o sucesso e que possibilitam à pessoa que os possui, vencer as dificuldades e as provações que a aflige na vida. Mas, sendo a justiça muito mais um "outro olhar" sobre a virtude, ecoa a pergunta "por que ser justo?" que incomodou os filósofos gregos, e ainda tem incomodado o pensamento das pessoas desde então. Essa é a pergunta que inicia o argumento de Platão em *A República*. E é a pergunta dirigida a nós pelos poetas gregos e tragediógrafos em seus mais memoráveis legados. É, também, uma questão que incide diretamente na condução dos negócios, e que nos aproximará, sob vários pontos de vista, nos capítulos que se seguem.

Aristóteles definiu a virtude da justiça como sendo a disposição para dar a cada pessoa o que lhe pertence, e essa definição foi retomada séculos depois por Ulpiano em seus escritos sobre direito romano. Todos os seres racionais têm necessidade de justiça, argumenta Aristóteles, já que todos precisam da cooperação de seus companheiros e da confiança de que isso depende. Além disso, sem justiça não há nenhum tipo de amizade, já que o amigo é aquele que tanto dá o que é devido, como também o recebe. A característica mais interessante da discussão de Aristóteles sobre a justiça é o seu reconhecimento de que ela é uma qualidade do indivíduo e o resultado da ação individual. A justiça é algo que faz com que nos sintamos culpados por não fazer. Ela origina-se e se baseia na virtude da justiça — a virtude exibida pela pessoa que vê os outros como se todos fossem iguais e que responde instintivamente às suas reivindicações legítimas. A noção aristotélica de justiça também está fundamentada em uma disposição de que ela é totalmente inerente à pessoa. Isto é, para Aristóteles, a justiça começa como uma virtude pessoal, mesmo que, em última análise, também tenha uma aplicação social. A dimensão interna ou pessoal da justiça é a capacidade ou o hábito de governar conflitantes desejos e motivações internas de forma "imparcial" ou de maneira justa. Ao aprender a presidir os conflitos internos da personalidade e do desejo, uma pessoa torna-se justa, e assim, também, se desenvolve habilidades de liderança na sociedade. Em outras palavras, o autogoverno na visão clássica é a base para a liderança na sociedade.

Essa concepção antiga de justiça tem sido sobreposta na atualidade por uma ideia rival, que vê a justiça como uma característica da sociedade e não resultante de ações individuais. O conceito de justiça social ou pública ganhou crédito no decorrer do século dezenove sob a influência do pensamento social cristão. Ele desempenhou um importante papel nas teorias calvinistas de Abraham Kuyper, teólogo que foi, por um breve tempo, primeiro ministro da Holanda, no início do século vinte.[3] Também há uma forte tradição dentro da teologia católica, que também vê a justiça social como uma das principais obrigações da Igreja. Os atuais adversários do capitalismo ganham muito com as injustiças sociais que eles mesmos, supostamente, criaram e sustentam, e, frequentemente, moldam as suas necessidades de acordo com o ideal de justiça social — como vemos na célebre obra de John Rawls, *A Theory of Justice* [Uma Teoria da Justiça].

Segundo a tradição cristã, justiça social ou pública significa uma regulação adequada da sociedade, de modo que as pessoas possam lidar de forma justa umas com as outras nas *diversas* comunidades a que pertencem. A justiça social exige que mantenhamos as diferentes esferas da interação social, de modo que cada um possa ser guiado por sua forma particular de agir — a partir de regras familiares, do clube, da empresa, do regimento, da escola. Isso foi o que Kuyper originalmente compreendeu por justiça social: o não controle da sociedade pelo Estado, mas o recuo do Estado nas esferas autônomas onde ele não é necessário. Uma doutrina similar tem sido acolhida pela igreja católica sob o nome de "subsidiária", significando a liberdade das instituições sociais para governar a si mesmas. A doutrina católica foi adotada pelo capitalismo a fim de mostrar como uma economia capitalista pode estar de acordo com a justiça social, apoiando as instituições da sociedade civil, fazendo com que as pessoas se ajudem mutuamente e aliviem as tensões da competição.

No contexto moderno, no entanto, "justiça social" tem sido muitas vezes utilizada como uma expressão de retórica anticapitalista, e é normalmente usada para exigir a redistribuição de bens pelo Estado. Em outras palavras, ela tem sido sinônimo da perda de bens por burocratas que não têm nenhuma responsabilidade pessoal, nem na aquisição de negócios, nem na transferência deles. Esse uso do conceito envolve uma ruptura da ideia de justiça como uma responsabilidade individual. E permite a apreensão obrigatória de bens, independentemente de serem justa ou injustamente adquiridos. É precisamente essa concepção de justiça social que permitiu serem cometidos grandes crimes na atualidade em nome do socialismo e do comunismo. Portanto, a justiça social é depreendida a partir da ótica socialista, que enfraqueceu a economia capitalista da Europa, uma grande desvantagem para todos, inclusive àqueles a quem a justiça social é supostamente benéfica. Ao ver a justiça como uma virtude dos indivíduos, no entanto, ajudamos a reintegrar a procura de justiça em uma economia saudável e criativa. A justiça regulamenta e defende os contratos, fato que estimula o respeito no ambiente de trabalho e a responsabilidade para com os clientes e acionistas. Ela distingue as falsas demandas de intrusos a partir das demandas legítimas daqueles a quem algo é devido. E isso promove, em longo prazo, as relações de confiança de que um negócio de sucesso e uma comunidade tanto dependem. Por enfatizar a força clássica como núcleo da justiça, mais uma vez se coloca a justiça ao nosso alcance, para que ela possa exercer a sua influência benigna sobre nossas ações. Isso não significa que podemos ignorar as condições sociais que nos cercam: evidentemente, onde há grande escala de discriminação contra as minorias ou flagrante desrespeito aos direitos civis, a justiça exige que se tome uma posição em nome daqueles que estão sendo maltratados. Mas o ponto central está contido neste último item: para que haja injustiça, deve haver maus tratos. Alguém deve *estar errado*, e a justiça exige que o mal seja corrigido.

Nossa tradição judaico-cristã mantém o conceito de Aristóteles sobre a ideia de virtude e acrescentou-lhe virtudes criadas por ela. Esse conceito de virtude também se distanciou de algumas disposições que Aristóteles pretendia incluir na sua lista de qualidades admiráveis, e que refletem o extinto contexto social da cidade-estado grega. Tomás de Aquino dedica muitas páginas à discussão das virtudes na *Summa Theologiae* [Suma Teológica], tendo Aristóteles e Agostinho como seus guias. Sua ressalva mais importante à posição aristotélica reside na ênfase que concede à caridade como sendo a maior das virtudes. Segundo Aquino, a caridade é a virtude sem a qual nenhuma outra virtude é manifesta em sua perfeita forma. Nessa obra, Aquino segue a famosa evocação à caridade feita pelo apóstolo Paulo, em 1 Coríntios 13. A caridade (*caritas,* em latim) é uma tradução da palavra grega *ágape*, nome utilizado no Novo Testamento para o amor que podemos oferecer a todos, o "amor ao qual somos ordenados", como disse Kant. A capacidade de oferecer esse amor é uma virtude, que exige maior disciplina moral; a aquisição dessa virtude é o objetivo e dever da fé cristã.

Aquino concorda com a antiga teoria da unidade das principais virtudes, contudo ele vai mais longe ao insistir que todas as virtudes formam uma unidade em suas formas perfeitas. Há três formas de virtudes: as virtudes cardeais, que são as condições *sine qua non* sem as quais não pode haver nenhuma outra virtude; as virtudes dedicadas ao bem-estar humano, de que depende a prudência; e as virtudes perfeitas, ou as virtudes em sua perfeita forma. Nenhuma virtude perfeita pode existir sem a caridade, e se a caridade é necessária, então todos elas são necessárias.[4] (Aquino quis dizer que todas as virtudes em sua forma perfeita são motivadoras da caridade — o motivo faz com que olhemos com amor para um indivíduo, e coloca os interesses dos outros no coração de todos os que ele pretende alcançar.) Aquino cita Agostinho de Hipona com louvor:

> A prudência dos avarentos em pensar sobre todas as possíveis maneiras de fazer um pouco de dinheiro não é a verdadeira virtude, nem há justiça quando o seu medo de perdas faz com que desprezem os direitos dos outros, nem há também temperança quando demoram em controlar o seu apetite, nem há coragem

> que os levará, como diz Horácio, a cruzar oceanos, escalar montanhas e atravessar as chamas para evitar a pobreza.[5]

Tal como Aristóteles, em sua discussão sobre a justiça, Tomás de Aquino alega que para conferir bem as virtudes inerentes ao indivíduo, é necessário que essas virtudes sejam conferidas quando ele estiver utilizando sua criatividade e quando estiver se relacionando com outros indivíduos. Isto é o que Paulo quis dizer em sua carta aos Coríntios. Cristo advertiu-nos à caridade, porque esta é a maneira pela qual imbuímos a nós e aos outros com o amor de Deus, e assim impulsionamos a nossa própria natureza em direção à perfeição.

Tomás de Aquino distinguiu três virtudes principais de Paulo — a fé, a esperança e a caridade como "virtudes teológicas", ou seja, virtudes que regem nossa relação com Deus, enfatizando, no entanto, que as virtudes humanas, apontadas por Aristóteles, são aperfeiçoadas apenas quando associadas às virtudes teológicas, embora Aristóteles acreditasse que o maior bem para a humanidade residisse no conhecimento e na contemplação de Deus, na ênfase da fé como um compromisso ativo com o mundo, na esperança como uma visão de eternidade, e na caridade como manifestação da constante boa vontade em relação aos outros. Essas abordagens têm uma conotação especificamente cristã em relação à vida neste mundo. Mais tarde, os escritores cristãos — em particular os reformadores, tais como Lutero e Calvino e os teólogos protestantes — enfatizaram outros aspectos das virtudes, mantendo o esquema apresentado por Tomás de Aquino. Meus leitores decidirão quais qualidades são mais importantes na preparação de uma pessoa para o livre exercício da escolha responsável. A lista que dou reflete uma tradição particular do pensamento religioso, bem como um conjunto particular de exemplos reveladores. Vou tentar mostrar também o caminho no qual a virtude é não somente benéfica para os negócios, mas também é ampliada pelo aspecto espiritual da vida humana.

## As virtudes dos negócios

### Fé

Esta é a primeira das virtudes que pertencem ao capital espiritual, o elemento definidor. A palavra vem do latim *fides*, que significa confiança. Na esfera prática, a fé implica uma fidelidade ao dever ou fidelidade aos compromissos. Na esfera espiritual, implica tanto em sinceridade de propósitos e em uma crença e fidelidade a Deus. A fé religiosa envolve confiança na existência e na benevolência de algo para o qual não exista nenhuma prova. É a virtude que traz total confiança na justiça da criação e, assim, preenche a vida com um propósito.

No próximo capítulo vou explorar a relação entre fé, esperança e caridade, como elas funcionam em conjunto na criação de um negócio próspero, e a razão pela qual devemos continuar a entender estas virtudes como provedoras do nosso legado do capital espiritual e da preparação ideal para o sucesso nesta vida, bem como pela esperança para a próxima.

O escritor de Hebreus definiu a fé como "certeza daquilo que esperamos e a prova das coisas que não vemos" (Hebreus 11.1). Como essa definição estabelece, a fé é uma relação dinâmica entre o mundo, como ele realmente é, e o domínio do que é invisível, mas que ainda é esperado. De alguma forma, a fé torna a esperança algo concreto e faz o invisível tornar-se evidente. A fé transforma as coisas. Assim, a fé é claramente parte integrante do caráter e da ação do empresário que transforma a esperança invisível em matéria tangível. Ações transcendentes que mudam o mundo são atos de fé.

## Honestidade

Virtude empresarial *por excelência*, a honestidade é a qualidade sem a qual os mercados não podem sobreviver por muito tempo. Ela reflete um caráter íntegro, uma devoção à verdade, e uma recusa a mentir, roubar ou enganar. É o maior benefício que um empresário pode conferir àqueles com quem trata, e também o maior benefício que ele pode conferir a si mesmo, pois é a qualidade que permite que os outros confiem nele. "A honestidade é a melhor política", assim diz o provérbio. Mas não é porque a honestidade é a melhor política que devemos ser honestos. Pelo contrário, é porque somos honestos que nossos esforços são marcados pelo sucesso. A honestidade é parte integrante da justiça, como os gregos a conceberam, e os conceitos de verdade e de justiça estão presentes em uma única palavra: "direito", *right*, em inglês, *recht*, em alemão, *haqq* em árabe, e assim por diante.

## Gratidão

Da mesma raiz latina que graça, graciosidade e generosidade, a gratidão é a disposição em reconhecer as doações. É um sinal de humildade e maturidade, uma poderosa fonte de alegria, cura, contentamento e de relacionamentos duradouros. O seu papel no mundo dos negócios tem sido insuficientemente apreciado. É notório, todavia, que a pessoa que dá graças por aquilo que recebe sabe como melhor valorizá-lo, e também como atingi-lo. Uma das realizações mais evidentes do socialismo europeu tem sido a de criar uma sociedade na qual a gratidão praticamente desapareceu. Quando todos os benefícios são prometidos pelo Estado, ninguém precisa se sentir grato por eles, nem sentir o impulso de retribuir o presente. Praticamente ninguém que se beneficia dos estudos proporcionados por faculdade na Europa retribui com a sua *alma mater*, e todas as instituições, de escolas a hospitais, olham para o Estado por conta do apoio que recebem dele. Um dos pontos fortes de uma economia capitalista é lembrar às pessoas, de todas as áreas, dos grandes dons que recebem de outras pessoas e do livre exercício da escolha humana. Portanto, a economia capitalista, como nós apreciamos aqui na América, é aquela em que as pessoas estão constantemente retribuindo às suas escolas, universidades, comunidades locais, igrejas, hospitais, com alguma parte do que, afortunadamente, ganharam.

## Perseverança

Esta é a virtude que a religião reforça ser imprescindível no mundo do comércio. Deus responde às orações persistentes de seus filhos (Mateus 7:7), e somos encorajados a continuar perguntando, buscando e batendo. Esta disciplina é difícil, mas sem ela estamos propensos à negligência, ao desespero ou à vacilação e, assim, podemos, facilmente, nos perder no caminho.

## Compaixão

Oriunda da palavra latina *compati*, que significa simpatizar ou "sofrer com", esta virtude é colocada no centro da vida humana pelas mais importantes religiões, e espalha seu dom, tanto ao que sofre, como àquele que "sofre com". Muitas pessoas, tanto os adversários do capitalismo, como alguns dos seus defensores, têm visto a compaixão como um fator estranho para a agenda de negócios. Descrito por Nietzsche como a moralidade do escravo, a compaixão — que é o núcleo da moralidade para cristãos, muçulmanos, hindus, budistas e judeus — foi igualmente rejeitada por Ayn Rand em sua influente defesa do capitalismo como expressão da liberdade e do poder do ser humano, na obra que tinha como título *The Virtue of Selfishness* [A Virtude do Egoísmo]. Para Rand e seus seguidores, a essência da livre economia é o individualismo e a autoafirmação. Outros podem se beneficiar com isso, mas só se o empresário não se distrair com a compaixão de seu justo e principal objetivo, que é o seu próprio sucesso.[6]

Muitas pessoas veem o capitalismo em termos darwinianos, ou seja, como uma constante luta por recursos escassos, em que sobrevivem os mais fortes. Porém, já vimos que a economia capitalista não é uma arena de conflito sobre os recursos preexistentes, mas uma tentativa de cooperação para criar recursos — visto que, em outras palavras, o capitalismo é sobre a criação de riqueza comum e não sobre uma acumulação contraditória desses recursos — vamos reconhecer o lugar da compaixão nos negócios. Compaixão nos permite perseguir nossos objetivos sem conflito, despertando a simpatia e a boa vontade dos outros. Faz-nos flexíveis em face à oposição e nos dá *insights* sobre os sentimentos e desejos das pessoas com quem temos de lidar. O tipo de autoafirmação elogiado por Rand é realmente uma demonstração de fragilidade do caráter e de um inflexível egocentrismo que logo será prejudicado pelo conflito que ela engendra.

## Perdão

Oriunda do termo *forgifan, do* inglês antigo, a palavra perdão significa desistir de ressentimentos ou pedidos de recompensa a quem nos ofendeu. Fundamental para a visão cristã, o perdão deve ser entendido como um processo — não uma falha na percepção da ofensa, mas um reconhecimento da ofensa que leva ao encontro do infrator, de modo a renovar o relacionamento que tenha sido danificado. O perdão purifica o espírito do veneno da raiva e do ódio, e é tão importante no mercado como é na vida privada. Mais tarde retornarei a este ponto com exemplos. Contudo, vale ressaltar que, neste contexto, o perdão é uma das virtudes mais difíceis de serem adquiridas, e muitas vezes é quase impossível adquiri-lo sem oração. Aqueles que passaram por campos de concentração, que têm sido alvo de perseguição, que foram indevidamente expostos a lesões e desprezo por aqueles que têm poder sobre elas, só existe uma arma contra o peso acumulado de desastres, o perdão. No entanto, todas essas pessoas podem testemunhar o enorme trabalho espiritual que o perdão, nessas circunstâncias, exigiu.

## Paciência

A palavra vem do latim *pati*, e significa "para sofrer". Para suportar dores e julgamentos com calma e sem reclamar é difícil. Mas essa disposição é necessária para todos aqueles que desejam o triunfo sobre a adversidade e persistem em seus objetivos. A paciência concentra nossos esforços no que nós podemos mudar, e nos faz aceitar aquilo que não podemos mudar. É a virtude do mártir, e também do comandante obstinado, que nunca perde de vista o seu objetivo. A paciência é inspirada em nós pela fé. Judeus e cristãos consideram o livro de Jó um tesouro, que mostra como a paciência é o refúgio sublime que somente a fé pode garantir. Mas a paciência repousa em outras virtudes. Um versículo do Alcorão nos diz que "procurar ajuda com paciência e orações é realmente difícil, exceto para os humildes em espírito" (2:45). Por isso a necessidade da humildade.

## Humildade

Do latim *humilis*, que significa "em condição inferior", a humildade é a primeira virtude da vida espiritual. Toda a virtude não moderada pela humildade se torna vaidade e narcisismo. Quando Deus concede um talento, aprendemos a pedir humildade, a fim de apreciá-lo adequadamente e torná-lo útil para os outros. É difícil descrever o papel da humildade nos negócios. Mas, tem sido atestada por muitos líderes de negócios e, em meus exemplos, vou tentar mostrar a sua fonte espiritual. A palavra humildade também pode ser vinculada a uma fonte de origem francesa que demonstra a relação mútua entre um cavaleiro e seu cavalo, fato que a aproxima do conceito de adestramento ou domínio através da cooperação.

## Coragem

Do latim *cor*, que significa coração, a coragem é a disposição em prosseguir com os nossos projetos, apesar de todas as dificuldades e perigos. Somente se acreditarmos que temos o direito de fazer aquilo que fazemos é que podemos enfrentar os perigos que nos cercam ao fazê-lo. Desta forma, a coragem envolve uma forte capacidade de julgamento moral, um reconhecimento de que há uma real distinção entre o certo e o errado. Aristóteles reconheceu isso ao descrever o motivo da coragem como sendo bom ou honroso (*to kalon*) e considerar todos os atos de ousadia feitos a partir de algum outro motivo como mera imprudência ou presunção.

## Respeito

Do latim *respectus*, que significa olhar para trás, respeitar, reconhecer os outros como seus iguais, moral e espiritualmente falando, reconhecendo que eles têm o direito de ser tratados com dignidade, e não fazer exceções em favor próprio. Os defensores da justiça social, muitas vezes, criticam o mundo dos negócios como se suas ações fossem uma ofensa contra a justiça, como se gerasse uma distribuição desigual de riqueza. Como, as pessoas perguntam, a economia capitalista pode ser compatível com o "respeito pelas pessoas", se ele exige tratamento igual para todos? A resposta, em poucas palavras, é que a igualdade de tratamento produz resultados desiguais, enquanto a tentativa de garantir um resultado igual vai sempre exigir um tratamento desigual dos indivíduos. Devemos ver o respeito como uma forma de virtude aristotélica da justiça — a disposição de respeitar as outras pessoas, mesmo com dívidas, e, então, reconhecer que as responsabilidades, recursos e direitos dependem do que o próprio indivíduo tem feito. Respeito significa, portanto, ter cuidado ou atenção ao pagar e dar o que é apropriado e devido a cada um, com os iguais agir com igualdade, e com os desiguais, de forma diferente. É injusto dar o mesmo tratamento para todos, sem o devido *respeito* ao que eles fazem.

## Generosidade

Do latim *generare*, que significa gerar ou produzir, generosidade é a disposição para conceder o que é honestamente solicitado, para apoiar outras pessoas que estão em dificuldades, e para ser generoso ao dispor de suas mercadorias. *Generosus* significa nobre, assim como magnânimo, e os romanos viram essa virtude como aquela que melhor servia ao status social, uma vez que conciliava tanto os que se beneficiam desse *status*, quanto aos que não. Em nossa sociedade com classes menos estratificadas, vemos a generosidade como um caminho natural para demonstrar amor e amizade, sabendo que sem ela estaríamos isolados dos nossos companheiros.

## Disciplina

Da mesma raiz latina de discípulo, a disciplina implica a capacidade de aprender com o exemplo para seguir uma regra ou ordem da vida e para pôr a tentação de lado. Esta é a virtude que começa com obediência e amadurecimento do autocontrole. Trata-se de contenção, uma habilidade em aceitar privações e resistir à tentação. Mas não é incompatível com magnanimidade. Exige disciplina do coração e da mente para obedecer às regras de João Wesley: fazer todo o bem que puder, com todos os recursos que tiver, de todas as maneiras que puder, em todos os lugares onde você estiver, todas as vezes que puder, a todas as pessoas que puder, por muito tempo e sempre que puder. Ou as regras de Aristóteles para a virtude: fazer a coisa certa, pelo motivo certo, na hora certa, na medida certa e da maneira correta. Para seguir essas regras é necessário um temperamento constante, uma capacidade de ignorar as distrações e uma determinação interior.

## Castidade

Esta virtude é considerada um termo ruim na cultura contemporânea. Uma grande indústria tem se dedicado à condução da castidade para fora do caminho em que as relações humanas são concebidas, e essa indústria tem seus efeitos sobre os negócios, assim como muito tem prejudicado a vida pública. Para toda a pregação em favor da "liberdade sexual", permanece tão verdadeiro hoje, como sempre foi, que as pessoas admiram a castidade e testemunham as violações do decoro sexual com desagrado. Sabemos, a partir do recente exemplo de um presidente americano, que o comportamento desonesto, quando descoberto, pode levar a traumas pessoais e à desgraça pública. E o comportamento desonesto no trabalho pode levar a um colapso na confiança, bem como nos empregados que estão expostos à deterioração sexual predominam o sentimento de inveja e de rivalidade sobre as relações uniformes.

Os gregos viam a castidade como parte da temperança, mas não foram muito claros sobre o que é exigido dos homens. Nós agora não fazemos distinção entre homens e mulheres, necessitamos das mesmas restrições e das mesmas permissões para ambos. Por isso, ela é tão importante, nos negócios como em outros campos, para manter o tipo de limite que permite que as pessoas se beneficiem apenas das relações adequadas e afetuosas e que, ao mesmo tempo, se sintam protegidas contra a invasão sexual. É inegável que a fé teve uma função importante nesse contexto, e a castidade é invariavelmente uma das primeiras vítimas da perda da fé.

## Parcimônia

Esta virtude também foi objeto de alguns comentários depreciativos em discussões recentes. O "pão-duro" é rotineiramente julgado sobre algo segundo os termos com que Dickens descreve Ebenezer Scrooge. No entanto, para nossos ancestrais, a parcimônia ficava lado a lado com a honestidade no código do bom comércio e foi de fato considerada como uma parte fundamental da virtude em cada esfera. Assim Noé Webster, em 1828, definiu a parcimônia com termos elogiosos:

> Ser econômico no uso ou na apropriação de dinheiro, bens e prestações de qualquer espécie; não ter gastos

> desnecessários em despesas, tanto de dinheiro quanto em qualquer outra coisa que é para ser usada ou consumida; as pessoas parcimoniosas não são, de forma profusa, esbanjadoras ou gastadoras. Devem ser frugais não só nas despesas relacionadas ao dinheiro e às mercadorias, mas também no emprego do tempo. Têm uma economia prudente, uma boa administração ou governo da casa; é econômico no uso ou apropriação de dinheiro ou mercadorias, criterioso no uso de qualquer coisa a ser gasta ou empregada, tem cuidado para que nada seja gasto desnecessariamente na gestão, e aplica-se ao que é usado a uma finalidade lucrativa; nada é desperdiçado. Ela não é equivalente à mesquinharia, sendo esta última um excesso de faltas. A economia é sempre uma virtude.

Se há alguma verdade na tese de Max Weber de que o espírito calvinista foi fundamental para o nascimento do capitalismo, ele encontra-se no centro da virtude da economia na cosmovisão calvinista. Nele, como na maioria das outras coisas, Calvino estava enfatizando *insights* de longa data na tradição bíblica. A noção de pão diário que nos sustenta e o trabalho que está envolvido nesse fornecimento, e que está incorporado na própria estrutura da criação, são destacados continuamente por Calvino. "Todavia o nosso Senhor começou com o pão e os suportes necessários a uma vida terrena, a partir desse começo ele pode levar-nos a coisas maiores".[7] Calvino ensina seus seguidores a sofrer pacientemente e em espírito de humildade, e a não serem "intoxicados por uma falsa confiança na abundância mundana". Para Calvino, "o pão nosso" é uma metáfora para todos os bens e pertences. Mas eles não são literalmente o nosso pão. Calvino afirma:

> Ela é chamada assim, não porque nos pertence por direito, mas porque a bondade paternal de Deus a separou para nosso uso. Ela torna-se nossa porque nosso Pai celestial concede-nos livremente para que supra nossas necessidades. Sem dúvida, os campos devem ser cultivados, o trabalho deve ser agraciado com o recolhimento dos frutos da terra, e todo homem deve submeter-se ao trabalho para o qual foi chamado, a fim de obter alimentos. Mas tudo isso não nos impede de sermos alimentados pela imerecida graça de Deus, sem que os homens desperdicem suas forças em fins nulos. Estamos ensinando assim, pois, aquilo que parece ter sido adquirido pelos nossos próprios esforços, na verdade é um *dom* dele.

Cuidar do dom de Deus de uma forma racional aqui é uma forma de obediência bíblica. Há algumas divergências com o pensamento baconiano de que o mundo é nosso, por isso devemos explorá-lo. Calvino ensinou que os mandamentos, escritos nos primeiros capítulos do Gênesis, nos instruem a "construir e manter", o que nos sugere um equilíbrio adequado, e não um mandato à pilhagem. Esse equilíbrio é parte do papel da economia, que é ajudar-nos a distinguir entre o que queremos e o que precisamos. É também um equilíbrio consigo mesmo e com o mundo. Existe uma ligação profunda entre economia e gratidão, e ambas estão ligadas à consideração adequada que devemos ter com os outros e com suas necessidades.

Assim, enquanto Calvino exaltou a economia como uma parte da mordomia, ele fê-lo no contexto de uma comunidade em que a caridade pelos vizinhos era considerada um princípio obrigatório. Calvino acreditava que, assim como os ricos tinham uma responsabilidade com os pobres, assim, também, os pobres tinham uma missão relacionada aos ricos. Os pobres eram os receptores de Deus, os sacerdotes de Cristo, os advogados de Deus, que ofereciam a oportunidade a uma pessoa rica libertar-se da escravidão monetária e ser salva da ambição.

Weber estava, portanto, apenas parcialmente certo em ligar a ascensão do capitalismo à ênfase calvinista na economia, pois ele perdeu o foco principal. Para Calvino, assim como para outros na tradição judaico-cristã, a economia é essencial para uma comunidade fundamentada em generosidade. Calvino não formulou a generosidade na forma do *zakat* islâmico — a obrigação de dar uma proporção exata de bens para a caridade; ao contrário, ele convidou seus seguidores a tomar *a regra do amor* como seu guia. A vida baseada na economia é também uma vida de gratidão. Os cidadãos da Genebra de Calvino eram gratos por tudo o que lhes tinha sido dado, não a si mesmos, mas por serem mordomos, como vemos nas palavras de Calvino: "Chegará o momento em que eles contemplarão o rosto daquele cujo amor nunca os deixará ir."

A economia, vista dessa forma, está intimamente ligada com as virtuosas formas de doação. Esse ponto foi eloquentemente abordado e adaptado aos nossos dias em *Thrift and Generosity: The Joy of Giving* [Economia e Generosidade: a Alegria de Dar], mas retorna ao caminho traçado por Aristóteles, que incluiu a prudência e a liberalidade entre as virtudes e sugere, ao final, que eles exijam isso mutuamente um do outro.[8]

## Empreendedorismo espiritual

A lista de virtudes pode ser ampliada, embora cada uma seja mais complexa do que os pontos já abordados. Quanto mais se examinar os detalhes que envolvem as virtudes, mais reconhecemos que elas estão interligadas segundo a abordagem feita por Aristóteles e Tomás de Aquino. Recitar uma lista das virtudes lembra o ritual Sufi de enunciar os nomes de Deus: um passa ao outro o aspecto de uma essência única. As virtudes que listei contribuem para o sucesso em todos os domínios do esforço humano, e não apenas nos negócios. Elas são formas universais aplicáveis da excelência humana, e compete a cada um de nós buscá-las.

Também há virtudes que estão mais especificamente ligadas à esfera comercial. Muitas foram identificadas com as denominadas três virtudes cardeais dos negócios: criatividade, construção em sociedade e realismo prático. Elas não são qualidades que exigimos ou podemos exigir de todos, mas certamente são qualidades que contribuem para o sucesso empresarial e também para justificar o lugar das empresas na sociedade. A seguir, vamos abordar as virtudes individuais e, especificamente, "as virtudes dos negócios" nas circunstâncias que as põem à prova. Ao dar exemplos em relação à economia moderna, estarei ilustrando a forma como o temente a Deus, o povo de Deus que ama fazer escolhas moldadas pela fé pessoal e pela tradição religiosa escolhe. E essas escolhas os guiarão rumo ao sucesso.

Nós não devemos ficar surpreendidos com este sucesso. As leis da vida econômica estão sujeitas às consagradas leis eternas do nosso capital espiritual. Àqueles que creem no amor de Deus, não tenho dúvidas de que ele pretendia que suas criaturas desfrutassem dos frutos de suas atividades, e assim beneficiassem todos aqueles com quem lidam aberta e honestamente. O funcionamento do mercado é moldado pela Providência, e aqueles cuja fé lhes permite perceber e agir sobre esse fato importante, já estão fadados ao sucesso. Empreendedorismo espiritual é, portanto, o percurso desconhecido para o crescimento da moderna economia.[9]

Vivemos tempos de grande desafio. A velha economia está se fragmentando sob o impacto do comércio mundial, novas tecnologias estão rapidamente deslocando o velho, e a revolução da informação está agora se fazendo sentir em todo o mundo. Antigos estilos de negócios estão dando lugar a um novo modelo baseado nos interesses do "aplicador" — um modelo que eu submeterei ao exame no capítulo final — e em todas as esferas, as escolhas estão se expandindo e proibições murchando sob o impacto da Internet. Alguns reagem a essas mudanças com um melancólico desespero, acreditando que nossas velhas maneiras de fazer as coisas os estão deixando sem saída e que vamos em breve ser inundados pelo caos ou por nossos concorrentes. Ao contrário, vivemos em um mundo de oportunidades, e nossa necessidade é a chave que vai desbloqueá-las e abrir os caminhos para um sucesso econômico ainda maior. Essa chave é o empreendedorismo espiritual, que direciona a vasta herança do capital espiritual de que desfrutamos em direção aos novos desafios da economia global.

•

CAPÍTULO 3

# Fé, esperança e caridade

Para ti só Deus concedeu
Um coração sempre novo —
Para todo o sempre aberto,
Para todo o sempre verdadeiro.

— MATTHEW ARNOLD

O PRIMEIRO E MAIS IMPORTANTE componente no empreendedorismo espiritual é a fé. Há uma tentação em pensar na fé apenas como uma crença — a crença de que Deus existe e que vai premiar os bons e punir os maus. Pessoas de fé sabem quão enganosas tais ideias são. A fé não é apenas uma crença, mas conhecimento — o conhecimento e a presença dela em sua vida. Fé significa desfrutar de uma relação pessoal com o Criador e aprender a colocar a sua confiança nele. É pela fé que as pessoas podem, mais facilmente, aceitar os riscos que as empresas experimentam no início, e é esta fé que permite às pessoas superar derrotas e retrocessos e avançar até o sucesso final.

Em um estudo que constitui a base de uma série de livros sobre o papel dos valores morais no mundo dos negócios, verificou-se que mais de 90% dos empresários entrevistados expressaram uma fé espiritual devota ou religiosa. Isso não significa que os líderes empresariais bem-sucedidos façam uma constante pregação e sejam prosélitos no trabalho; pelo contrário, eles normalmente acreditam na liberdade de consciência e na necessidade de manter-se a privacidade sobre as crenças mais profundas de cada um. Significa, sim, que a grande maioria dos líderes empresariais abordados no estudo buscou orientação de Deus e foram fortalecidos e confortados ao entregarem os seus problemas e escolhas para ele.

Também não é raro, especialmente no contexto norte-americano, encontrar uma fé pessoal explicitamente incorporada ao objetivo de um negócio. Considere a Dacor, uma empresa de eletrodomésticos para cozinhas, fundada em 1965 por Joseph Stan e hoje liderada por seu filho, Mike. A declaração que expressa a missão de Dacor é: "Honrar a Deus em tudo que fazemos; respeitar o próximo; realizar um bom trabalho; ajudar os outros; perdoar uns aos outros; dar graças e celebrar nossa vida." Esse enunciado coloca em foco algumas das virtudes que descrevi no último capítulo e mostra sua importância em uma vida baseada na fé. Não mais do que qualquer outro diretor executivo realiza, Mike Joseph exige no local de trabalho ou reclama de seus trabalhadores um determinado conjunto de crenças religiosas. Sua empresa funciona sobre o capital espiritual provido por seus líderes, e isso gera uma atmosfera de respeito mútuo e boa vontade que prevalece no local de trabalho, encorajando seus funcionários a sentirem-se não como ferramentas, mas como pessoas, liberando, assim, seu potencial criativo. O fato de a Dacor ser um negócio altamente inovador e de rápido crescimento, o que faz dela uma líder na sua área, pode ser claramente atribuído à fé, que se encontra materializada na declaração de sua missão.

É claro que a fé pode desempenhar o seu papel na fundação e expansão de um negócio, mesmo quando não é explicitamente mencionada, como em uma declaração, ou colocada em exposição pública. Interessante, nesse contexto, é a história da Domino's Pizza, que iniciou suas atividades em 1960, quando um menino órfão, Tom Monaghan, com 500 dólares na poupança, decidiu juntar-se ao seu irmão Nick e abrir uma loja de entrega de pizza em Ypsilanti, Michigan, que eles chamaram de DomiNick's. Um ano depois, Monaghan trocou seu Volkswagen Beetle pela parte de seu irmão na loja, renomeado o negócio para Domino's, e partiu para abrir mais três lojas. Os princípios que guiaram Monaghan foram os mais elevados padrões do seu produto e ao mesmo tempo ser uma pessoa benemerente nas comunidades onde suas lojas estavam situadas. Ele considerava seu empreendimento como um ato de serviço ao próximo, e sua fé católica fortaleceu essa visão. Como a reputação da sua empresa cresceu, ele decidiu expandi-la por meio de franquias — um procedimento pouco conhecido na época, e que acabou por levantar a questão da confiança na sua forma mais aguda. Sua solução estava em exigir que seus franqueados estivessem comprometidos com a comunidade, projetando suas lojas de maneira que fossem simpáticas aos olhos dos clientes, empregando a população local, mostrando respeito ao meio ambiente e apoiando as causas beneficentes locais. Sua fé em Deus trouxe para ele uma relação de confiança de todos à sua volta e fez com que, confiando em todos, se tornasse ele mesmo confiável. Rapidamente a competição pelas franquias da Domino's Pizza começou a ganhar impulso, e Domino's tornou-se um nome familiar. Quando Tom vendeu a empresa em 1998, ele faturou um bilhão de dólares.

E a história não termina aí. Em sinal de gratidão por aquilo que lhe havia sido dado por intermédio de sua fé, Tom Monaghan decidiu dar uma oferta de volta. Ele doou a maior parte do seu lucro à caridade, em particular para a fundação de instituições que o ajudou a consolidar a fé que o havia inspirado. É graças a Tom Monaghan que a *Ave Maria University* [Universidade Ave Maria], na Flórida, existe: um novo campus, com um inovador corpo docente, dedicada a patrocinar a contribuição cristã para a herança cultural americana e a propagação do conhecimento objetivo nas ciências sociais.

O apóstolo Paulo ligou a fé à esperança e à caridade, como sendo as três virtudes sobre as quais a vida cristã é fundada. No caso Tom Monaghan, vimos claramente o percurso que começa na fé, na produção da esperança como seu subproduto, e que não termina no sucesso material apenas, mas naquilo que justifica o sucesso e faz com que tudo valha a pena, ou seja, a caridade para com o próximo e o desejo de fazer retornar à comunidade o bem que dela se tenha recebido.

Mas as virtudes espirituais não são monopólio da fé cristã. Instrutiva é a história de um dos franqueados da Domino's, Rumi Verjee, um muçulmano ismaelita que veio da África Oriental para a Inglaterra como refugiado, quando os asiáticos da região começaram a sofrer perseguições na sequência de sua independência. Verjee tinha obtido uma vaga na Universidade de Cambridge, e após seus estudos, trabalhou em cargos humildes em Londres, sonhando sempre em melhorar sua condição e resgatar a fortuna de sua família. Ele permanecia, assim, perto de sua comunidade, apesar de se movimentar facilmente junto à sociedade inglesa, que aprendeu a respeitar. Ele guardava em sua memória um encontro que teve com a Madre Teresa de Calcutá, durante uma visita de sua família a Índia. Ele havia ficado impressionado, como ele mesmo afirmou, por sua simplicidade e ingenuidade: a sua determinação para ver sempre o bem nos outros e levar uma vida sem ressentimentos. Isso se tornou um ideal para Rumi Verjee, e ele associou-o tanto com a fé de Madre Teresa quanto com a sua própria fé em um Deus de compaixão. Ele sentiu-se guiado em tudo, desde então, por um poder superior, a quem orava e em quem confiava. Graças à sua fé, nunca Verjee perdeu a esperança de que seria capaz de reverter os desastres que ocorreram a ele e à sua família.

Sendo, por natureza, um homem de negócios, Verjee estudava as possibilidades onde elas surgissem. Ao ler que a Domino's Pizza pretendia vender a franquia de suas lojas aos britânicos e irlandeses, Verjee teve certeza de que deveria adquiri-la. Sua determinação para enxergar o bem nos outros e viver sem ressentimentos, como Madre Teresa lhe ensinou, significava que ele estava cercado por uma rede de pessoas bem intencionadas. Assim, obteve várias promessas de empréstimos, e escreveu para Tom Monaghan propondo uma reunião e manifestando interesse na franquia inglesa e irlandesa da Domino's. Recebeu, então, uma resposta do escritório de Tom Monaghan informando que tal pedido não poderia ser considerado a menos que viesse de um grupo com o qual a Domino's tivesse relações comerciais. Verjee insistiu, sem obter sucesso. Cartas após cartas não levaram a nada, e todas as tentativas para chegar até Tom Monaghan através de um intermediário falharam. Mas Rumi nunca perdeu a esperança, sentindo que uma mão invisível o estava guiando e que deveria confiar nessa mão e entregar-se a ela. Então, perseverantemente, Rumi atravessou o Atlântico para participar da reunião anual de acionistas da Domino's, quando Tom Monaghan faria um discurso público. Ao final do discurso, Verjee disputou um espaço no meio do público, onde se tornou o alvo para onde se dirigiram todos os microfones e câmeras da imprensa. A mensagem que ele pôde, finalmente, transmitir, era a de que Tom deveria concordar em atendê-lo. E Tom encaminhou Rumi ao seu assistente pessoal, que agendou o encontro entre os dois.

Reconhecendo em Rumi a fé e a confiança que ele próprio já havia experimentado, Tom voluntariamente concedeu-lhe as franquias, e a partir desse momento Rumi nunca mais olhou para trás. Quando mais tarde ele vendeu a franquia aos britânicos e aos irlandeses, os lucros foram suficientes para permitir que Rumi Verjee se tornasse um dos principais empresários na sua comunidade e uma fonte de coesão para todos ao seu redor. Verjee reconhece a conexão entre a fé e a caridade. Como ele mesmo explica:

> Embora você possa começar por ser cruel, pensando em nada mais que o seu próprio lucro, e alegrando-se na perda dos outros, este não é o caminho para o

> verdadeiro sucesso. A compaixão é tão importante em um empresário como o é em qualquer outro ser humano. Não é importante somente por conta dos outros, mas também por sua própria causa. Entretanto, por mais bem-sucedido que seja, você é também um ser humano vulnerável, que sempre precisa de ajuda e carinho, e que pode vir a perder tudo por ser arrogante. Você pode receber ajuda somente se fornecer ajuda, e o mesmo é verdade quando se trata de amor e de carinho. Como todos os muçulmanos ismaelitas, somos ensinados a dar para a caridade como um dever religioso. Mas quero dizer algo além do que é obrigatório doar. Eu quero dizer que devemos reconhecer que o sucesso, além dos prazeres, traz consigo deveres. Como nós chegamos ao topo, devemos lançar um olhar àqueles que ficaram na parte inferior; e o prazer de dar é certamente uma das maiores recompensas do sucesso.

As virtudes são observadas admiravelmente na adversidade, quando selam o destino daqueles que as possuem. Conhecemos a virtude da coragem. É certo que a pessoa corajosa possui maiores probabilidades de sucesso na vida, uma vez que ela vai assumir os riscos necessários, dos quais dependerá o sucesso. Mas também é certo que na adversidade ele sofre maiores riscos do que o covarde. Como os espartanos em Termópilas, a pessoa corajosa se manterá firme no cumprimento do dever, até cair. Isso não demonstra uma coragem irracional. Pelo contrário, mostra que a virtude é necessária para que tenhamos uma vida de sucesso que, porém, em circunstâncias extraordinárias, pode nos expor ao perigo. Mas a mesma virtude que, nessas circunstâncias, causa admiração, também proporciona honra e louvor que são devidos ao herói.[1]

Considere a *Interstate Battery System of America* [Sistema Interestadual de Baterias da América], uma empresa privada que comercializa baterias automotivas fabricadas pela *Johnson Controls* através de um sistema local de distribuidores independentes. Esse distribuidor serve a milhares de concessionárias de automóveis e oficinas de reparos. Recentemente, a empresa abriu sua *All Battery Centers* [Central de Pilhas e Baterias], que também comercializam pilhas para aparelhos eletrônicos e sem fio. A *Interstate Battery System of America* é de propriedade de Norm Miller, um evangélico recém-convertido que promove seus valores cristãos em toda a empresa, mais explicitamente na cultura corporativa. Sediada em Dallas, Texas, a empresa fundou o anual *Great American Race* [Grande Corrida Americana] e patrocina uma série de outros eventos de base familiar. A *Interstate* está procurando demonstrar piedade em tudo que faz — na forma como trata as pessoas, como clientes, parceiros e funcionários. São grandes ações de liderança de uma fé vibrante, que compartilha aberta e corajosamente com os outros. As cores das decisões de fé demonstram a forma como o negócio é conduzido: honestamente e com confiança, com o objetivo de servir a Deus.

A caridade, como a coragem, é vista na sua mais admirável forma não no momento do sucesso, mas no momento da derrota quando, apesar de uma perda grave, a pessoa pensa no infortúnio do próximo e esforça-se para remediá-lo. Um exemplo interessante é Aaron Feuerstein, proprietário e CEO da *Malden Mills*, cuja atividade sofreu um grave revés quando a fábrica, em Lawrence,

Massachusetts — uma pequena indústria manufatureira para a qual a família Feuerstein dedicou sua vida por quase um século — foi incendiada em 1995. Apesar da perda, Feuerstein continuou a pagar os salários dos seus três mil trabalhadores desempregados durante os meses que levou para reconstruir a fábrica. Muitas pessoas consideram os negócios, diz ele, "como uma batalha pelos lucros, que não possui nenhuma relação com a tentativa de fazer o bem, ou o que é certo nesta terra. Isso é relegado para quando você voltar para casa... E se você é tão dedicado, poderia ser mais caridoso com os outros... Mas eu não penso nisso dessa forma. Eu penso nisso [como me foi ensinado por] minha educação religiosa judaica, isso... uma existência de serviço pelas outras pessoas, *mitsvá*, é a maior boa ação que se pode fazer". Graças a essa boa ação, a Malden Mills foi incapaz de se recuperar do desastre do incêndio e foi forçada a pedir falência em 2003. Muitos consideram isso como uma prova de que caridade e empreendimento são opostos. Mas isso é ignorar a verdadeira natureza da virtude, a qual não é uma solução rápida que garante o sucesso, mas um entranhado estado de espírito e caráter, um olhar sobre o mundo em uma tentativa de mudá-lo, ainda que falhe na maioria das vezes. Aaron Feuerstein foi capaz de enfrentar sua falência com a consciência tranquila, apreciando a reputação imaculada que lhe permitiu viver com esse revés. E, através de seu exemplo, fez com que a fé das pessoas revivesse, acreditando na economia manufatureira americana e, indiretamente, contribuindo para a sua renovação.

Voltemos-nos agora para um exemplo de falta de fé em um negócio que foi, de certa forma, um dos exemplos mais marcantes de sucesso autopropulsor na recente história britânica — a GEC-Marconi. Essa empresa foi construída a partir do zero por Arnold Weinstock, filho de um alfaiate judeu e sua esposa, que haviam emigrado para Londres vindos da Polônia. Arnold ficou órfão aos onze anos e, posteriormente, levou seu caminho ao longo da vida enlutado, mas determinado a abraçar o ceticismo. Sua sorte mudou quando se casou na família Sobell, que também eram poloneses de origem judaica, e começou a ajudar o padrasto, que já era líder de um negócio de vários milhares de libras no setor de rádio, para estabelecer a sua própria empresa, a GEC, como o principal operador no recém-criado mercado de televisão. Arnold Weinstock foi incrivelmente inteligente, com um olho afiado para contas, e não deixou escapar nenhum centavo em suas análises de mercado. Ele despertava medo entre seus empregados e governou a GEC com mãos de ferro, e isso fez com que se tornasse no maior empreiteiro do governo na área de eletrônica militar. Arnold forneceu consultoria a quatro sucessivos primeiros-ministros, tanto trabalhistas quanto conservadores, e quando a economia britânica entrou em uma rápida recessão, sob John Major, a GEC estava às voltas com um lucro anual de um bilhão de libras, com *Lord* Weinstock, como era chamado, saudado como o industrial líder de seu país e como prova viva de que, debaixo da superfície vacilante, a economia britânica encontrava-se apta e competitiva como nunca.

Arnold Weinstock movia-se facilmente entre os dois mundos de suas grandes paixões, que eram os cavalos e a música, e aguardava com expectativa o dia quando poderia passar a liderança de sua empresa ao seu filho Simon e se retirar de cena. Seu sucesso trouxe-lhe inimigos, uma vez que era considerado parcimonioso e amigo de líderes conservadores, mas todos que o conheceram o admiravam por sua sagacidade e reconheciam o afetado traço de sisudez que moderava todas as suas realizações e atitudes. Arnold Weinstock foi econômico, determinado e corajoso, e seus negócios refletiam essas qualidades. Também foi impulsionado por um propósito maior que o do lucro, que foi apresentar a seu filho Simon, a quem adorava, um império digno dele. Mas o amor da família, apesar de admirável em si mesmo, não é nenhum substituto para a fé, e assim, quando Simon morreu de cancro aos 46 anos de idade, Arnold cedeu ao desespero. A perda parecia sem sentido — prova final do vazio dos esforços humanos — e isso levou Arnold a olhar para trás, para os seus anos como empresário, e fez com que se sentisse tomado por um sentimento de inutilidade. Não sendo capaz de prosseguir adiante, entregou o negócio em que havia investido tantos cuidados e energia a um sucessor que não tinha a menor compreensão de como ele trabalhara e que não possuía nenhum compromisso com as tradições internas da empresa. Em três anos, graças à fragmentação aleatória e às alterações injustificadas de objetivos, a empresa tinha declinado no valor de mercado de 35 bilhões para 150 milhões de libras. Arnold observou com tristeza como a obra de sua vida havia sido desperdiçada. Só então, à procura de consolo para sua dor, voltou-se para a fé de seus pais, encontrando finalmente a paz, morrendo como um judeu convicto, amado e perdoado por todos que o conheciam.

A fé judaica é, de fato, exemplar na sua atitude em relação ao comércio, e isso ajuda a explicar por que os judeus, através dos séculos, têm sido capazes de superar as provações da perseguição e do antissemitismo, de modo que são sempre bem-sucedidos em qualquer tipo de empresa. O Talmud afirma que a primeira pergunta a ser feita a cada um de nós, no Juízo Final, será: "Vocês foram honestos em seus negócios?" A Torá e o Talmud estão repletos de exemplos de orientação e enfatizam as virtudes necessárias para o exercício e a legitimidade do comércio, quando conduzido de acordo com as virtudes.

Josh Friedman, CEO e chefe de marketing da Eleven Wireless, uma empresa fundada por três amigos judeus em 2001, explica que os seus princípios empresariais decorrem diretamente da Torá, e que ele e seus sócios estão constantemente questionando sua fé judaica para orientar suas finalidades comerciais. As questões difíceis tornam-se imediatamente claras quando trazidas para essa perspectiva. Os textos sagrados oferecem conselhos claros sobre a honestidade e a transparência em matéria de preços, sobre as relações com os empregados e sobre a responsabilidade social e ambiental. Ao tentar encontrar o "caminho dos piedosos" em todos os enredos das empresas, a Eleven Wireless construiu, pela confiança de seus fundadores, a lealdade dos seus funcionários, bem como o endosso dos seus clientes e partes interessadas. Em 2005, ganhou o *Development Stage Company of the Year* [prêmio concedido às empresas norte-americanas que apresentam o melhor e mais rápido crescimento em sua área de atuação], uma honra que é obtida não pelo fato de a empresa atingir o objetivo de acumular riquezas ou de expandir-se sem levar em conta os outros, mas por fazer negócios de acordo com a lei judaica, reconhecendo que a riqueza é criada apenas quando corretamente utilizada, com caridade para com os necessitados e desconhecidos.

A *Catholic Health Initiatives* [Iniciativas Católicas para a Saúde], originária da tradição beneditina, tem feito progressos significativos na promoção da espiritualidade no ambiente de trabalho nesta década, desde seu início, como um sistema nacional de saúde em domicílio. Com sede em Denver, no Colorado, funciona como uma empresa de inspiração católica, com mais de 65 mil funcionários. Seus 60 hospitais, bem como lares para idosos, centros comunitários e ministérios em dezenove estados por todo o país, fornecem oportunidades de oração e reflexão para os funcionários, fundamentados em um tema diário. A *Catholic Health* provê fóruns locais para que os funcionários se reúnam para compartilhar experiências que dão sentido ao seu trabalho e para articular a diferença que eles estão fazendo na vida daqueles a quem proporcionam cuidados. Uma publicação anual chamada *Sacred Stories* [Histórias Sagradas] inclui depoimentos e vinhetas sobre como encontrar o significado espiritual no exercício das nossas responsabilidades diárias. Durante os retiros e nos dias de reflexão são fornecidos estudos rotineiros para os funcionários e médicos, assim como para os membros do conselho.

A *Catholic Health* desenvolveu um rico processo de avaliação dos valores centrais. Ela criou uma rigorosa metodologia para esclarecer as expectativas e organizar as responsabilidades pessoais por aquilo que realizam a cada dia. As condutas, baseadas em valores, são definidas em termos de uma espiritualidade vinculada a dezesseis atributos distintivos da cultura da empresa. Os dados quantitativos e qualitativos são coletados em cada unidade local, e também por toda a equipe nacional, para avaliar o desenvolvimento em curso dos atributos culturais. As principais prioridades para os mais distantes modelos culturais são alicerçados na espiritualidade e, então, são incorporadas ao planejamento estratégico os esforços e as metas de desempenho operacional.

A *Catholic Health* está, efetivamente, tentando integrar a espiritualidade com a forma como faz negócios e da maneira com que oferece serviços de saúde em seu ministério de cura. O desafio é identificar e fomentar o mundo espiritual entre seus empregados e parceiros, como parte integrante do desempenho organizacional. Esse objetivo ajusta-se de forma coesiva com as medidas reais de sucesso encontradas nacionalmente na indústria de cuidados de saúde. A utilização do estudo das medidas de comportamento de uma cultura, baseado na espiritualidade, ajuda as pessoas a reconhecerem que a unidade da qual fazem parte e suas atividades são muito mais do que aparentam. A *Catholic Health* celebra o espírito de trabalho de maneira tal que marca a diferença para os outros. Os funcionários conseguem identificar seus próprios valores interiores que trazem para o ambiente de trabalho, permitindo assim que demonstrem humanidade e proporcionem um atendimento personalizado às pessoas, chamando-as por seus nomes e reconhecendo cada uma delas pelo rosto, ao invés de apenas prestar assistência médica a incógnitos pacientes.

Um bom exemplo de fé e sua relação com a esperança e a caridade é William Pollard, presidente da ServiceMaster, que, sob sua liderança, tem alcançado uma média anual de retorno aos acionistas de 20%. Pollard é articulado sobre o assunto, e também profundo conhecedor da complexa forma em que a fé atua em uma economia moderna. O seu negócio é um empreendimento que, a partir de certo ponto de vista, é totalmente mundano: limpeza de banheiros e pisos, dedetização contra baratas, limpeza de carpetes e assim por diante. Mas, como o poeta George Herbert escreveu naquele que se tornou em um dos mais celebrados hinos vitorianos:

> Um servo com esta cláusula,
> Faz um divino trabalho penoso,
> Quem varre um quarto como por tuas leis,
> Faz isso e sente como se fosse uma suave ação.

Esse é o *ethos* da ServiceMaster, como concebido por William Pollard. Esculpido em pedra, na parede da sede social em Downers Grove, Illinois, são os quatro princípios que definem a sua empresa: "Honrar a Deus em tudo que fazemos, ajudar as pessoas a se desenvolverem, buscar a excelência e crescer de forma rentável." Tal como acontece com a Dacor, a primeira dessas regras é, de longe, a mais importante. Ao honrar a Deus com suas ações, você as transforma de uma rotina para um sacramento. E uma vez que você as enxergue dessa forma, as realizará com alegria, com justiça e com proveito.

Pollard dá dois exemplos interessantes. O primeiro é o de Shirley, uma funcionária de sua empresa que é faxineira em um hospital com 250 leitos, que se manteve interessada e ligada ao seu trabalho de limpeza por quinze anos. Shirley vê seu trabalho como um ato de serviço aos pacientes e como uma parte integrante da cura, assim como o trabalho das enfermeiras e dos médicos. "Em um sentido muito real", diz Pollard, relatando seu encontro com ela, "Shirley estava me instruindo, ao me falar sobre seu trabalho, seus clientes e seu papel em nossa missão comum". Refletindo sobre o orgulho de Shirley em seu trabalho, ele comenta:

> Toda pessoa carrega uma impressão digital de sua personalidade, do seu potencial e de seu desejo de contribuir. Quando definimos as pessoas apenas em termos econômicos, os nossos esquemas de motivação e incentivo tendem a se tornar mecânicos e manipuladores. Nós tentamos definir um sistema que seja à prova de idiotas, o que por sua vez pode fazer com que as pessoas se sintam como idiotas. A revista *Fortune*, descreveu recentemente as empresas desprovidas de alma como sofredoras da ação de um inimigo interno, citando Henry Ford em uma menção bastante descritiva: "Por que é que eu sempre recebo a pessoa como um todo, quando o que eu realmente quero é apenas um par de mãos?"

Como William Pollard salienta, no entanto, isso se aplica a qualquer pessoa com quem você deve se relacionar, seja como empregado ou empregador, como cliente ou fornecedor, e que você direcione a fé para a pessoa como um todo, criada à imagem do ser supremo que governa todas as coisas. Ele, de forma bem interessante, compara o caso de Shirley com o de Olga, a quem ele conheceu em Leningrado (a então cidade de São Petersburgo, como era chamada), durante uma viagem à União Soviética:

> Sua ocupação era limpar o piso do hall de entrada em um grande hotel que na época era ocupado, princi-

palmente por pessoas do Ocidente... A ela havia sido entregue uma vassoura com um esfregão, um pano imundo e um balde de água suja. Ela realmente não estava limpando o chão, ela estava removendo a sujeira de um lado e levando para outro. Na realidade, a tarefa de Olga era fazer a menor quantidade de movimentos na maior quantidade de tempo possível, até que o dia terminasse. Olga não estava orgulhosa daquilo que estava fazendo. Ela não tinha dignidade no seu trabalho. Ela estava muito longe de experimentar o resultado.

Eu soube, através de nossa breve conversa, que havia um grande potencial em Olga. Estou certo de que você poderia comer no chão da sala do apartamento de dois quartos dela, tamanha era sua capacidade de limpeza — mas seu trabalho ali era, de certa forma, algo diferente. Ninguém tinha dedicado tempo para ensinar ou capacitar Olga. Ela estava perdida em meio a um sistema que não se importava com ela. O trabalho era apenas uma atividade que tinha que ser cumprida. Ela foi o objeto do trabalho, não o sujeito.

Pense na Shirley: o que fez com que sua experiência de trabalho fosse diferente da de Olga? Claro, uma nasceu em Moscou e outra em Chicago, e suas culturas, línguas e nacionalidades eram diferentes. Mas suas tarefas básicas eram as mesmas. Ambas precisaram trabalhar para sustentarem-se. Ambas tinham recursos financeiros limitados. Uma estava orgulhosa do que estava fazendo, seu trabalho havia afetado sua visão de si mesma e dos outros. A outra não era orgulhosa e possuía uma visão limitada de seu potencial e valor.

Creio eu que a diferença tem algo a ver com a forma como elas foram tratadas no ambiente de trabalho. Em um caso, a missão da empresa envolveu o desenvolvimento da pessoa, reconhecendo a dignidade e o valor do empregado. No outro caso, o objetivo era apenas proporcionar uma atividade e chamar isso de trabalho.

Filósofos e teólogos terão suas próprias formas de descrever a diferença entre Shirley e Olga. Para William Pollard, no entanto, a diferença é simples: Shirley, que é tratada como uma pessoa integral em seu trabalho, enxerga-se da mesma forma e sente-se valorizada; Olga, que é "apenas um par de mãos", sente-se ainda inferior a um par de mãos mutiladas remanescentes de uma pessoa, cujo trabalho a priva de qualquer sentimento de seu valor intrínseco. Shirley é homenageada em seu trabalho, enquanto Olga é desprezada. Shirley cresce em sua atividade; Olga diminui. E a diferença básica é a fé que norteia a ServiceMaster, contrapondo-se ao cínico ateísmo do sistema comunista.

Como nos casos de Tom Monaghan e Verjee Rumi, a fé de William Pollard leva à constante fonte de esperança que traz sucesso e alegria para sua empresa e também para os atos de caridade através dos quais ele reconhece suas dívidas. Em seu livro *A Soul of the Firm* [A Alma da Empresa], Pollard revela a verdade fundamental da qual todas as empresas de sucesso dependem, qual seja, quando as pessoas se reúnem como empresa, criam uma nova pessoa, a própria empresa em si, que é algo maior do que a soma de suas partes. Essa empresa também possui uma alma, e se os seus membros honram a Deus, ela também o honrará. Se os seus membros têm como objetivo fazer o bem, ela também fará o mesmo bem. Da mesma forma como experimentamos sucesso em nossos empreendimentos quando os aproximamos de uma visão de fé e de confiança, assim também mais bem sucedida será a empresa, quando a fé e a confiança fizerem parte da sua estrutura.[2] Como o filósofo católico Michael Novak argumenta, a corporação mostra o "trabalho da graça" no mundo, assim como ocorre a cada indivíduo: ela é chamada a uma vida superior, ou pode mergulhar em profundo declínio. Como expressão da liberdade humana, ela encontra-se em um estado de provação no mundo, e é chamada para uma vida de virtude.[3] Este é um ponto ao qual devo retornar no capítulo final.

É claro que a ServiceMaster não exige qualquer tipo de fé de seus empregados. Ela mesma é, particularmente, uma *expressão* de fé: uma empresa construída sobre a crença no valor intrínseco do ser humano e seu trabalho, que tem sido capaz de enfrentar e superar o estigma que muitas vezes é atribuído aos faxineiros e zeladores, trazendo verdadeira satisfação para seus empregados. Neste caso observamos, claramente, o que se entende por capital espiritual: em outras palavras, é um investimento em longo prazo utilizando os valores contidos na fé religiosa, que permitem às pessoas obterem, livremente, o melhor de si, até mesmo nas mais humildes tarefas.

Há outro aspecto da fé no funcionamento de uma corporação, que é exposto de forma muito proveitosa William Pollard em seus exemplos. Sobre Olga, ele afirma que "ela foi o objeto do trabalho, não o sujeito". Em outras palavras, em seu trabalho ela foi tratada como um objeto a ser utilizado, como uma espécie de vassoura humana. Shirley, pelo contrário, não sofre com essa visão de si mesma. Ela pertence a uma empresa que a trata como uma parceira, estendendo-lhe a plena responsabilidade por sua parte nas tarefas como uma prova de seu valor individual. Ela é o sujeito, e não o objeto: o que significa que ela se dedica livremente ao seu trabalho e se encontra no exercício dele.

Essa diferença entre as situações de Shirley e Olga leva-nos diretamente ao capital espiritual que tem sido investido na ServiceMaster, capital esse que era totalmente ausente dos locais de trabalho durante o regime comunista soviético. A primeira das regras da ServiceMaster, honrar a Deus em tudo que eles fazem, na realidade define o tom para os outros três e define seu conteúdo. Você honra a Deus respeitando a sua imagem e semelhança, que é o ser humano. Essa é a maneira mais simples e mais direta de traduzir o primeiro mandamento da religião na política do dia a dia, e fundamenta a reescrita dos Dez Mandamentos apresentada pelo próprio Cristo: amar a Deus de todo o seu coração, de toda a sua alma, com todas as suas forças, com todo o seu entendimento e ao seu próximo como a si mesmo. O segundo mandamento declara e segue o primeiro. No contexto dos negócios, ele tem o significado de ajudar cada membro de sua empresa a se desenvolver como pessoa — tornando-se sujeitos livres em vez de objetos dependentes, para que sejam plenamente um com o seu trabalho e imbuídos com um senso de propósito.

O terceiro dos princípios da ServiceMaster dá continuidade ao fluxo de pensamento: quando as pessoas livremente se identificam com o seu trabalho e se encontram através dele, consequentemente vivenciaremos uma busca pela excelência na qualidade do trabalho. Shirley sente orgulho de seu trabalho, porque é o *seu* trabalho, uma expressão da sua livre natureza. E porque ela é respeitada como pessoa, ela respeita-se em seu trabalho e isso significa uma busca da excelência. O quarto princípio da ServiceMaster é automaticamente satisfeita: quando os membros de uma corporação buscam, livre e voluntariamente, um padrão de excelência em seu trabalho, o resultado final é a rentabilidade. E o desempenho da ServiceMaster sob a liderança de William Pollard é prova disso.

Observe, entretanto, que a lucratividade vem em último lugar entre os princípios: não é o objetivo principal da empresa, mas a consequência de realizar negócios da forma correta, de modo que honre a Deus. E isso nos dá uma pista para o significado do capital espiritual do mundo atual. No século dezenove, o capitalismo possuía alguns críticos de peso. Eles não negavam que a revolução industrial havia proporcionado um grande aumento da riqueza nas modernas corporações, nem necessariamente concordavam com Marx, que declarara que o capitalismo entraria em uma crise terminal. A preocupação desses críticos foi ressaltar a condição social e espiritual do trabalhador que, sob o regime de produção fabril, o transformou de alguém para uma coisa, uma mera engrenagem na máquina, cuja liberdade dada por Deus havia sido roubada dele. Não apenas os socialistas viam o capitalismo industrial dessa forma. A mesma crítica foi feita a partir de uma perspectiva puritana por John Ruskin, e da perspectiva da fé católica pelo Papa Leão XIII, na famosa encíclica *Rerum novarum,* em 1891. Havia um consenso crescente de que o operário era cada vez mais "alienado" em seu trabalho — impossibilitado de encontrar-se nele ou de expressar sua plena humanidade.

Como nós sabemos da história subsequente, não foi o capitalismo que causou essa condição. Quando o socialismo entrou em cena e o Estado assumiu as fábricas, a situação do trabalhador, de fato, agravou-se. Em uma economia socialista todos são reduzidos à condição de Olga de William Pollard, já que ninguém é honrado e sua liberdade é negada. Somente na livre economia as pessoas são motivadas a buscar a excelência, e isso exige que elas sejam ajudadas a crescer e se desenvolver em seu trabalho. Essa condição é exatamente a que é posta em prática pelo capital espiritual aplicado pela ServiceMaster. O investimento não foi realizado há pouco tempo nem foi efetivado apenas pelos fundadores e diretores da empresa. Assim como o capital social, o capital espiritual acumulado foi obtido com a cooperação em longo prazo de pessoas através de gerações. É um profundo hábito de respeito à estabelecida ordem divina do mundo, um sedimento de adoração e oração, que constrói o respeito à criação de Deus e o respeito às pessoas segundo a natureza que possuam. Por enfatizar esse capital e levá-lo à tona, a ServiceMaster ajuda todos os seus empregados a fomentarem contato entre si, quer mantenham ou não qualquer crença religiosa específica ou hábito ortodoxo de adoração. O investimento de capital já foi feito, que é o ponto crucial. A empresa bem-sucedida é aquela que sabe como liberar esse investimento no fluxo diário do trabalho.

Voltemos agora ao caso de Rumi Verjee. Ao longo do seu período de luta, ele sentiu a presença da mão que lhe garantiu sucesso. E essa fé em um poder superior trouxe confiança também aos seus semelhantes. Quando vendeu sua franquia da Domino's, ele lançou os olhos para outro projeto, formando uma parceria com dois investidores, a fim de comprar e desenvolver o antigo Royal Brompton Hospital, de Londres. Esse foi um projeto de 120 milhões de libras, no qual ele esteve prestes a perder tudo o que tinha ganhado, mas a fé e a esperança o impulsionou adiante e os três sócios elaboraram um contrato simples, de uma única página, ao final de uma refeição. Um dos sócios era muçulmano; o outro, um judeu ortodoxo e o terceiro, um católico devoto. A confiança nascida entre eles reflete os ensinamentos de suas diferentes religiões, e cada um sabia que o erro seria inconcebível. O capital espiritual investido por Rumi Verjee nessa nova aventura havia sido acumulado ao longo dos séculos, em três diferentes grupos, sob diferentes experiências históricas. Mas foi possível reunir esse capital e apoiarem-se mutuamente na decisão que foi, na época, um risco enorme. O risco valeu a pena e Verjee restaurou a sorte de sua família. Ele lembrou a experiência que havia tornado essa partilha de recursos espirituais uma tarefa tão fácil, que era a visão da simplicidade de Madre Teresa e sua confiança na bondade humana. De sua caridade provinha tanto a fé quanto a esperança. No mundo dos negócios (como na vida) a fé, a esperança e a caridade são, na realidade, apenas um.

Estudantes de administração devem estar cientes de que o sucesso não vem apenas da fé religiosa. As empresas podem crescer em torno de sua própria "ideologia" ou podem transformar-se em "cultos", à maneira da Nordstrom, Disney ou Walmart, produzindo uma caricatura "interna" da religião, a fim de anexar seus funcionários ao coração e à alma do negócio. Ou podem se organizar em torno de uma ética secular do serviço, como a Hewlett-Packard, ou como a Procter & Gamble, cultivando uma espécie de mística de adesão que incentiva os funcionários a identificar-se como vivendo em um mundo à parte. Parece-me, porém, que todas essas formas de visão, ainda que produtivas em si mesmas, são dependentes da fé. São meios para se recuperar, em um meio secular e incrédulo, algumas das considerações mais espontâneas do trabalho, da liberdade e da empresa derivada do capital espiritual. Em outras palavras, são formas de continuar em um investimento de capital realizado ao longo dos séculos por pessoas que enxergaram os negócios de uma forma diferente — não como um substituto para a religião, mas como uma maneira pela qual as pessoas pudessem transformar-se em dádivas de Deus para uma finalidade terrena, para liberação de suas energias coletivas. Como vimos através do exemplo da ServiceMaster, a fé em Deus conduz à fé nas pessoas, e a partir dessa fé, conduz ao sucesso em questões de negócios.

Isso já está sendo gradualmente apreciado no mundo dos negócios, com muitas empresas subsidiando organizações como a *Spirit at Work* [Espírito no Trabalho], que pretende promover a espiritualidade no local de trabalho, e que estabeleceu uma série de prêmios anuais para destacar as empresas que estão dando o exemplo. De acordo com pesquisas do Instituto Gallup, 78% dos americanos de hoje buscam o crescimento espiritual, em comparação com 20% em 1994. A mesma pesquisa mostra que 60% dos executivos reagiram positivamente ao termo "espiritualidade". A grande vantagem de um negócio baseado na fé é que ela pode transformar essas realidades para que sejam usadas imediatamente, oferecendo, sem hesitação, tanto um refrigério espiritual que seus empregados estão buscando quanto um tipo de orientação que faz com que o anseio por um crescimento espiritual seja algo mais do que uma mera fantasia da Nova Era. Mesmo quando a fé religiosa explícita é diminuída, as empresas descobrem que podem oferecer um tipo de espiritualidade no local de trabalho que efetivamente transforma o que acontece por lá.

Vejamos o caso da Elcoteq, a maior empresa fabricante de eletrônicos da Europa, com sede em Luxemburgo. A Elcoteq adquiriu recentemente uma fábrica em Offenburg, na Alemanha, com mais de 350 empregados. Anteriormente, a fábrica tinha sido adquirida por várias grandes empresas globais de telecomunicações e passou por uma grande reestruturação e redução na produção, como resultado direto do colapso no mercado de telecomunicações. Consequentemente, a empresa precisava operar uma rápida recuperação sob a pressão da dura concorrência. A fábrica precisava tornar-se rentável e, ao mesmo tempo, reduzir preços para os clientes ainda existentes no prazo de três anos. Isso foi particularmente desafiador, devido a um conflito histórico entre empregados e patrões e uma força de trabalho desmoralizada.

A Elcoteq decidiu gerir a mudança de direção, concentrando-se nos valores espirituais. Suas políticas incluíram o cultivo da confiança através de um processo de *feedback*; a aceitação da ideia do respeito, incentivando sugestões mensais a todos os empregados; uma preocupação explícita pela justiça, com uma nova política de salários e bonificações; uma ética de serviço e humildade, com a implantação de um jantar de Natal servindo a um grupo de menos afortunados; espírito de equipe, incentivado pelos grupos de formação, que seriam recompensados para conquistar novos clientes; coesão da família juntamente com valores familiares, apoiados pela criação de "um dia da família" para todos os funcionários, e assim por diante. Através dessas medidas, a fábrica tem conseguido excelentes resultados financeiros e ganhou mais clientes e negócios em um mercado altamente competitivo. O volume de negócios ultrapassou o orçamento em 25% e o lucro foi dobrado. A eficiência da força de trabalho aumentou em mais de 20% e o número de empregados cresceu. Os funcionários, que se sentiam descontentes e desmoralizados antes da mudança na política de gestão, agora apresentam uma taxa de satisfação 1% maior que todas as outras empresas no grupo de comparação e contribuem para o sucesso da fábrica com uma extraordinária e sustentada ambição.

Interessante, de outra forma, é o grupo holandês Van Ede & Partners. Essa empresa verificou a necessidade de valores espirituais entre seu pessoal e, como a Elcoteq, tem procurado suprir essa carência sem estabelecer um compromisso com determinada crença ou fé explícita. Essa cultura é diretamente derivada do legado espiritual da Holanda, e possui o efeito de esclarecer o papel espiritual que a fé pode ocupar. Isso é particularmente relevante ao negócio da Van Ede & Partners, que é de recolocação de mão de obra no mercado — mantendo pessoas e empresas em relações criativas umas com as outras. Assim, a Van Ede introduziu a meditação e a reflexão como práticas cotidianas no local de trabalho. Cada consultor aspirante a uma vaga de trabalho deve escrever uma autobiografia, refletindo em sua vida e sua carreira, tendo em vista dar sentido a elas. O resultado da autoanálise é discutido com um psicólogo e em uma dinâmica de grupo, a fim de explorar os valores e significados que motivam a vida do candidato. A Van Ede começa todas as reuniões nos escritórios com um breve momento de reflexão, no qual os funcionários são convidados a esvaziar-se de pensamentos cotidianos e fazer contato com um poder universal: não é exatamente uma oração, mas uma postura em que a oração surge espontaneamente. E, assim como nas grandes tradições religiosas em que a cultura dos Países Baixos se desenvolveu, os cânticos são muito importantes para a Van Ede, com corais, cantos e mantras utilizados para iniciar as reuniões da empresa, onde os empregados, às vezes, formam um verdadeiro coral. Os resultados têm sido espetaculares, reportando a todos uma sensação de leveza e boa vontade no trabalho, fazendo com que a barreira entre o trabalho e a vida torne-se primeiramente permeável e, em seguida, se dissolva.

Uma cidade é construída por meio da fé e ostenta a marca dessa fé em suas igrejas, fachadas e nos edifícios públicos. Pessoas transformam esses edifícios para novos fins, pois eles podem ser cuidados e reparados, ou podem ser desmolidos. Mas sem eles a economia da cidade não poderia crescer, nem as futuras gerações os conheceriam, pois poderiam ter perdido a fé de que um dia aquela cidade existiu, nem desfrutariam do humano e respeitoso ambiente originado naquela construção no caminho da fé.

O mesmo é certamente verdadeiro quanto ao capital espiritual. Ele é construído através da fé e, posteriormente, permanece como a infraestrutura de uma cidade, um lugar em que podemos caminhar, onde podemos experimentar nossa liberdade de expressão, confiando uns nos outros e nos resultados das nossas empresas em comum. Novos negócios empreendedores surgem, fixando residência em uma das estruturas espirituais que foram construídas pelas gerações anteriores, fazendo do "serviço", do "mágico" ou da "fidelidade" suas ideologias. Mas esses objetivos dependem de nossa capacidade de persegui-los, e essa capacidade existe em nós porque podemos vislumbrá-los, assim como fizeram a Elcoteq e a Van Ede, em um fundo comum do capital espiritual, construindo um projeto em que nós também estamos aprendendo a seguir, nos passos das virtudes que lhes estão associadas.

Nesse capítulo escrevi a respeito de três virtudes teológicas — a fé, a esperança e a caridade. No próximo capítulo mostrarei outras virtudes específicas do trabalho no ambiente de negócios e demonstrarei como elas também podem ser ampliadas e alimentadas a partir do tão importante capital espiritual.

•

CAPÍTULO 4

# Virtudes resistentes: liderança, coragem, paciência, perseverança e disciplina

Grandes homens são os que veem que a força espiritual é mais forte do que qualquer força material, e que os pensamentos governam o mundo.

— RALPH WALDO EMERSON

O SUCESSO NÃO VEM, GERALMENTE, da boa sorte ou do acaso. Ele vem porque você está preparado para isso e porque você tem as características necessárias para alcançá-lo. Isso é verdade em todos os setores da vida e não apenas nos negócios. Teorias gregas e romanas sobre a virtude as associam ao sucesso prático — "acertar o alvo" em analogia a Aristóteles. Em geral, os gregos tomaram a atitude que associo à dificuldade encontrada pelos defesores do capitalismo e à fragilidade de seus oponentes: a opinião de que o sucesso em uma empreitada envolve coragem, força, perseverança e disciplina — características que nós, também, rotulamos como virtudes, mas que, tendemos a acreditar, devem ser moderadas por paixões mais brandas, se não serão simplesmente outra forma mais perigosa de egoísmo.

Os gregos também foram cautelosos ao definir a pessoa ideal com base nas virtudes que podem ser utilizadas exclusivamente na busca de objetivos egoístas, e afirmaram que as virtudes estavam incompletas sem a justiça, que é a disposição para pagar o que se deve aos outros e para satisfazer as suas legítimas reivindicações. A esses fatos devemos acrescentar toda uma gama de virtudes que são "orientadas aos outros", tais como a humildade, a compaixão e o perdão. O benefício dessas virtudes mais suaves não é conferido essencialmente em si mesmo, mas nos outros. No próximo capítulo, vou mostrar que seu caráter altruísta, longe de impedir a contribuição para o sucesso empresarial, torna-se essencial para o verdadeiro desenvolvimento do empreendedorismo.

Neste capítulo, refletiremos sobre as virtudes resistentes da liderança, da coragem, da paciência, da perseverança e da disciplina. Não há dúvidas de que admiramos essas qualidades quando as encontramos nos outros e que nós mesmos gostaríamos de possuí-las. Mas como podemos adquiri-las, o que exatamente elas podem fazer por nós, e de que forma elas devem nos conduzir?

## Liderança

Tornou-se lugar-comum dizer que o sucesso requer liderança, e em muitos aspectos, o chavão é destrutivo, já que parece sugerir que o sucesso não depende de você, mas de outra pessoa — o líder que irá intervir e tomar a frente das coisas. Ao falar de liderança como uma virtude, porém, não estamos dizendo que ela está distante da pessoa que se beneficia. Estamos dizendo que ela é, potencialmente, uma qualidade constante em todos nós, uma qualidade que pode ser desenvolvida e produzida para que cada um de nós seja capaz de alcançar seu próprio objetivo. Isso significa que o verdadeiro líder é também um bom seguidor: ele é capaz de receber e dar conselhos, de aceitar e oferecer ajuda, de se reunir com outras pessoas sem subjugá-las ou aliená-las. Refletindo sobre isso, o famoso guru da administração, Robert Greenleaf, desenvolveu o conceito de "liderança servil". Greenleaf argumentou que os líderes, incluindo os chefes das empresas, devem pensar em si mesmos, em primeiro lugar, como servos, dedicados ao bem-estar de todos aqueles que são designados a conduzir. Greenleaf tomou essa ideia da obra de Hermann Hesse, *Journey to the East* [*Jornada ao Oriente*], embora também seja fundamental para a fé católica apostólica romana, que descreve o papa, o líder da Igreja, como *servus servorum Dei*: o servo dos servos de Deus. Ao concentrar-se atentamente sobre as necessidades e aspirações dos outros, você deve se equipar para levá-los a seus objetivos comuns. Isso não pode ser feito sem uma medida de humildade — aqui nós já podemos observar o quanto as virtudes resistentes que vou discutir neste capítulo estão profunda e intimamente interligadas às virtudes suaves, que eu abordarei no próximo capítulo. O líder deve colocar suas próprias necessidades e desejos suficientemente longe da mente e deve incorporar as necessidades dos outros como seu principal motivador.

A ideia de liderança servil de Greenleaf teve uma grande influência sobre Max DePree, CEO da Herman Miller e um dos mais conhecidos líderes empresariais dos Estados Unidos, sob cuja administração Herman Miller obteve o sétimo lugar na lista das 500 maiores fortunas em termos de rentabilidade (retorno para os investidores) e o primeiro lugar em produtividade (receita líquida gerada por empregado). DePree encontrou inspiração, também, no evangelho de Lucas e nos exemplos de liderança que Cristo deu aos seus discípulos. Ao longo de sua vida profissional, DePree resolveu seus problemas de negócio através da oração, e suas orações eram dirigidas mais aos seus empregados do que a si mesmo. A liderança servil tornou-se parte de seu compromisso de fé. No início de seu mandato como CEO, DePree estava convencido de que a empresa deveria introduzir seus funcionários no plano de participação acionária, de modo a compartilhar sua riqueza com os seus trabalhadores. Essa ideia, revolucionária na época, pretendia beneficiar os trabalhadores, mas trazia benefícios imediatos à empresa também; como o fato de os empregados começarem a se identificar mais de perto com o seu sucesso. Mais tarde, quando a empresa foi constantemente exposta a tentativas de controle hostil, DePree ficou desanimado com o fato de que, no caso do controle, poucas pessoas que chegaram ao topo foram compensadas com um *golden parachute*, ou seja, um pacote de bônus e indenizações. Então, ele instituiu um sistema de *silver parachutes* para que todos os funcionários fossem compensados em caso de tentativa de controle. Isso, também, gerou um *spin-off*, um desdobramento da empresa. DePree descobriu o que elevou o custo da aquisição e, portanto, dissuadiram as ofertas hostis. Mas essa política não foi projetada para evitar o controle. Foi essencialmente concebida para proporcionar equidade. Ao se identificar com seus empregados dessa forma, DePree ficou mais bem preparado para conduzi-los e, em especial, para iniciar uma série de inovações que levou Herman Miller a obter sucessos notáveis no mercado mobiliário.

Refletindo sobre sua carreira, DePree afirmou que "a liderança é uma função de questionamentos. E a primeira pergunta de um líder é: 'Quem pretendemos ser?' Não é 'o que vamos fazer?', mas 'quem nós pretendemos ser?'" Liderança, em outras palavras, é uma questão de caráter, não de metas. Trata-se da forma como você trata os outros, o comparativo valor que você atribui a você e a seus desejos, os valores que vêm em primeiro lugar para você e que você se recusa a comprometer. E em todas essas coisas o maior suporte é a fé.

Algumas pequenas empresas demonstram liderança em uma modesta escala, enquanto um pequeno número de grandes empresas conseguiu devido à liderança em escala verdadeiramente global. A Cargill começou há 140 anos, como uma instalação de armazenagem de grãos no meio-oeste americano. Hoje é a maior empresa privada no mundo (90 bilhões de doláres), com 158 mil empregados em 66 países, fornecendo alimentos, produtos agrícolas e gestão de riscos e serviços para um mercado internacional.

A Cargill produz e distribui grãos, oleaginosas e outros produtos para os fabricantes de alimentos e ração animal. Presta serviços agrícolas e de armazenamento para produtores da agricultura e da pecuária, além de trabalhar com fabricantes de alimentos, de prestação de serviços e fornecer carne, produtos avícolas e outros alimentos e ingredientes de bebidas. O que pode ser menos conhecido na Cargill é o desenvolvimento ativo da ciência baseada em ingredientes nutritivos e sistemas para as indústrias alimentícia e farmacêutica. A empresa também começou a desenvolver e comercializar produtos sustentáveis, como o etanol fabricado a partir de estoques agrícolas de alimentação. E uma vez que a Cargill é uma concorrente de grande porte em seus mercados, também tem se aperfeiçoado na gestão de riscos e em soluções financeiras para seus clientes.

Hoje, a Cargill é uma empresa global altamente diversificada — já não é apenas uma comerciante de grãos. Mas é uma das mais bem-sucedidas empresas familiares da América, embora tenha experimentado altos e baixos ao longo dos anos. A Cargill deve seu sucesso a uma profunda e enraizada cultura de ética, de inovação e de liderança, formada com o capital espiritual da família presbiteriana, que fundou a empresa. Em 1865, a Cargill estabeleceu suas práticas de negócios baseada no lema "nossa palavra é nossa obrigação". No século 21, a Cargill reafirmou essa promessa de adotar formalmente um conjunto de "princípios orientadores" — um padrão ético pelo qual a empresa faz negócios em todo o mundo. A Cargill também se comprometeu a ser uma "líder global de cidadania empresarial" nas comunidades em que atua. A cidadania é definida como o *impacto total* sobre a sociedade e o meio ambiente, e para a Cargill isso inclui "práticas empresariais responsáveis; promoção de um ambiente sustentável, engajando nossos trabalhadores e garantindo a sua segurança, fornecendo um mensurável impacto positivo em nossas comunidades".

Em 1975, o presidente da Cargill, Whitney MacMillan, em resposta a uma série de escândalos em todo o mundo, que envolviam empresas em práticas questionáveis e em atividades ilegais, enviou a todos os funcionários da Cargill uma carta para lembrá-los de suas metas e objetivos. E que dizia que a integridade sempre tinha sido a política da Cargill e, com base na sua reputação, MacMillan articulou cinco princípios, em que destacou o capital espiritual sobre o qual a empresa foi construída:

1. *Isso significa que* temos uma enorme responsabilidade de conduzir a nós mesmos e aos nossos negócios conforme os mais elevados padrões de ética, de integridade, e em conformidade com as leis de todos os países e comunidades nos quais foi concedida a oportunidade de realizar os nossos serviços.
2. *Isso significa que* quando houver uma pergunta sobre uma determinada prática, a discussão aberta, certamente, resolverá o problema. Se uma prática não pode ser discutida abertamente, ela deve estar errada.
3. *Isso significa que* negócios garantidos por qualquer outro meio que não sejam legais, de concorrência aberta e honesta são errados.
4. *Isso significa que* se uma transação não pode ser devidamente registrada nos livros da empresa, sujeita a uma auditoria independente, ela deve estar errada.
5. *Isso significa que* a Cargill não quer lucrar com qualquer prática que seja imoral ou antiética. Devemos descobrir que nosso negócio não deve ser feito de qualquer outra forma que não seja a absolutamente adequada, caso contrário medidas disciplinares serão tomadas.

MacMillan concluiu afirmando que "uma empresa com uma boa reputação é um bom lugar para trabalhar. A Cargill, por muito tempo, tem desfrutado de uma excelente reputação construída na integridade. Devemos manter a nossa honra e autorespeito como base para nosso contínuo crescimento e orgulho pelas empresas Cargill".

O que exatamente a Cargill fez melhor do que muitas outras, incluindo muitas de suas principais concorrentes, ou não fez? A Cargill é uma empresa privada que normalmente não busca publicidade e é conhecida por ser muito reservada. Mas um repórter da *Harvard Management Update* escreveu um artigo descrevendo como a história da Cargill ocorreu de forma tranquila e divulgou o valor da função do seu capital social — as redes informais, o acúmulo de tecnologia, a mútua compreensão e a confiança fazem uma organização ser eficaz.[1] Esse capital social, enraizado nos costumes espirituais dos fundadores, teve pago grandes dividendos pela Cargill. Eles contratam pessoas por aptidão e atitude, treinam como loucos e têm um novo programa para nutrir as pessoas, falam de valores, de rede para criar oportunidades para as pessoas compartilharem ideias abertamente, eles utilizam a tomada de decisão técnica que leva à adoção de processos comuns e assumem um compromisso de longo prazo com seus empregados, seus gestores mais experientes estão sempre se atualizando e o propósito da empresa é algo que todos conhecem e compartilham. Um propósito elevado manteve a Cargill concentrada na ação.

O que é notável sobre a Cargill é que os elevados padrões de sua liderança e do uso do capital social a partir de uma definição espiritual não situaram a empresa em desvantagem. Em vez de monopolizar, a Cargill tinha um grande suporte e uma alta produtividade garantida. Esse tipo de capital nunca pode aparecer no balanço, mas como a Cargill tem demonstrado, o seu impacto de linha de fundo é real.

## Coragem

Talvez a mais eloquente das virtudes resistentes seja a coragem, ou seja, a disposição em enfrentar a adversidade e lutar para superá-la. O que isso gera e exatamente o que envolve? Jonathan Ruffer, CEO da Ruffer Investiments, uma agência de investimentos baseada em Londres, testemunhou muitas empresas naufragarem entre os seus contemporâneos e está convencido de que em dez de cada nove casos a falta de coragem tem sido uma das principais causas. Segundo sua opinião, seu próprio sucesso é decorrente dos atos de bravura fundamentados na fé. Tendo estabelecido uma parceria para gerir o dinheiro de outras pessoas, ele adquiriu em 1988 a antiga, porém falida, empresa Rathbones. Ruffer se viu incapaz de agir em nome dos seus clientes, já que ele não controlava o dinheiro, por isso apenas negociou os termos com os que investiram na empresa. Ele sofreu durante vários anos, por acreditar que estava traindo a confiança que os clientes depositaram nele quando não aproveitou as oportunidades de investimento que viu. "Há uma coisa que Deus não concedeu a suas criaturas, que é o conhecimento do futuro", diz ele. "A alegação seria que o conhecimento traria *hybris* [excesso de confiança]. Mas, no entanto, eu tenho um dom, e foi através do diálogo com meu Criador que compreendi o presente, e reconheço que devo agradecer-lhe por isso. Como posso agradecer-lhe pelo dom que me deu? Usando-o. Eu precisava apenas ter a coragem de dar o primeiro passo."

Coragem, para Ruffer, não é apenas um hábito comum, mas uma busca por alcançar Deus. Ele deixou a Rathbones e se estabeleceu por conta própria, confiando em sua intuição espiritual. A Rathbones, entretanto, entrou com uma liminar, impedindo-o, por um ano, de levar seus clientes com ele. Ruffer tinha que começar do zero e, com esperança, sustentar sua família. Ele deu um passo corajoso para alcançar o "retorno absoluto": em outras palavras, o investimento na forma de ganhar dinheiro para seus clientes a cada ano, e não apenas para cumprir as metas que foram estabelecidas em gestão de investimentos. Nos doze anos de sua atividade profissional, ele teve em média um retorno de 12,5%, e seu negócio agora vale 200 milhões de libras. Quase todos os seus clientes deixaram a Rathbones e se juntaram a ele logo que puderam. Atualmente, sua reputação no mercado de investimentos é inigualável.

A coragem, argumenta Jonathan Ruffer, não é um atributo do egoísmo: obtê-la só é possível se você estiver buscando algum objetivo maior e mais digno. Coragem associada a fins egoístas é mera agressão, e quando não é controlada pela reflexão e autocrítica, é imprudência. Ruffer atribuiu seu entendimento sobre essas coisas à sua fé, que o levou a verter os lucros da sua empresa em missões de caridade na extremidade leste de Londres e na *First Fruits Foundation* [Fundação Primeiros Frutos], que oferece a esperança aos desesperançados da cidade. Ele acredita que as pessoas perdem a esperança porque perderam a coragem e perdem a coragem porque perderam a fé em si mesmos, nos outros e em Deus. O alívio da pobreza, da dependência das drogas, do alcoolismo e de outras mazelas de uma cidade moderna não se dá pelo assistencialismo, mas por apontar o caminho para a ação. E isso significa mostrar às pessoas que a sensação de enfrentar o risco não deve ser evitada, mas, ao contrário, é algo a se almejar — uma vocação para a qual nós todos somos chamados. Jonathan Ruffer aborda esse ponto segundo o seu ponto de vista:

> Entender coragem significa compreender que você não é especial, que você é confrontado diariamente com decisões que em nada se distinguem das decisões que os outros enfrentam e afastam-se delas. O fato de você escolher qual decisão irá tomar é algo que só ocorrerá mais tarde. Olhando apenas para o meu negócio, não terei uma ideia clara de quais decisões deverei tomar e de como agir corretamente. Na tomada de decisões diárias, não é tão fácil ouvir "seja corajoso!" como "confie nele", o que eu faço. E essa confiança traz firmeza, segurança e uma enorme satisfação na área humana das empresas.

O exemplo de Jonathan Ruffer ilustra um importante elo entre a coragem e o capital espiritual. Aqueles que agem com coragem não agem de forma agressiva, como Ruffer salienta. Eles medem sua força ao enfrentar um obstáculo, e analisam a melhor forma de agir diante dele. Eles sempre são motivados por um senso de reconhecimento pelo que fazem e pela forma correta de atingirem seus objetivos. Os grandes atos de coragem que temos testemunhado durante a guerra, daqueles que tiveram de suportar a privação e o sofrimento dos campos de concentração, ou daqueles que foram capazes de triunfar sobre a perseguição, são possíveis graças à confiança no objetivo, não como algo que buscavam, mas como algo digno e nobre. Isso nós aprendemos com Aleksandr Solzhenitsyn, e também com Wladyslaw Szpilman em *O Pianista*, e com Nijole Sadunaite em *Música na Sibéria*, na qual uma católica lituana narra os sofrimentos que suportou pela fé, e sobre os quais triunfou através da determinação de se divertir sem odiar as pessoas, mas somente o sistema pecaminoso que a levara a praticar o mal. Isso é verdade, também, nos negócios. Claro que há o baixo motivo do ganho pecuniário, e isso nunca pode ser ignorado. Mas, como Ruffer afirma, "a inadimplência da minha empresa fez muitos pessoas ricas ficarem obscenamente mais ricas". Muito mais importante é o sentido de servir àqueles que lhe confiaram as suas economias, e ter a consciência de que eles dependem de sua sabedoria e de sua coragem para recompensá-los.

Há muitas maneiras de se obter esse tipo de coragem. Mas a coragem está adormecida em nossa herança espiritual e não é facilmente despertada com o "diálogo com seu Criador", a que Jonathan Ruffer se referiu. Foi a parte mais importante do capital humano que ele trouxe para o seu negócio, mas precisava se libertar, e foi liberto, finalmente, apenas porque se perguntava o que tinha feito com o dom que Deus lhe concedeu e descobriu que ele ainda não tinha feito o suficiente.

A fé engendra a coragem e também a exige. Em uma época de ceticismo e escárnio, é tentador esconder a própria fé, para negar o seu papel fundamental na vida e os seus sentimentos, e agir como se fosse uma pessoa fraca, mostrando quem realmente é somente entre amigos íntimos. Essa tentação é particularmente forte no mundo dos negócios, pois os negócios exigem contato diário com pessoas de diferentes credos, ou de nenhum, com as quais uma atitude constante de afabilidade deve ser mantida. No entanto, é também verdade que uma empresa fundamentada em valores espirituais, por vezes deve exibi-los, e em circunstâncias novas isso requer coragem. Está se tornando cada vez mais comum a forma como o secularismo se espalha na América e um *lobby* clamoroso se opõe a toda manifestação pública da religião, zombando ou denegrindo aqueles que revelam a sua fé.

Considere o caso da Alaska Airlines, uma companhia de propriedade de cristãos com sede em Seattle. A empresa distribui cartões de oração para os passageiros e anuncia abertamente sua fé e vocação. Isso levou à proliferação de críticas na mídia e entre os *bien pensants.* Enfrentar essa maré de raiva facciosa e zombeteira exigiu coragem, e a empresa se colocou na linha de fogo, a fim de fazer o que acredita estar certo. Mas a empresa não foi prejudicada, apesar do desconforto. Pelo contrário, a maioria das pessoas está mais disposta a confiar em alguém que confessa honestamente a sua fé e mostra que a vida tem para ela um real e transcendental significado, do que confiar em alguém que evite qualquer referência aos seus fundamentos ao negociar. Por isso, a Alaska Airlines tem construído um grande fundo de leais passageiros, e através de fusões e aquisições expandiu-se de suas raízes na McGee Airways, que fez seu voo inaugural entre Anchorage e a Baía de Bristol, em 1932, para uma empresa que agora voa para quarenta cidades nos Estados Unidos, Canadá e México, e que emprega 10.400 pessoas.

## Paciência

Paciência deriva do latim *pati*, que significa sofrer, e denota a capacidade de sofrer em busca de algum grande objetivo. A pessoa impaciente é aquela que sacrifica os seus fins por causa de sua irritação vigente. No primeiro obstáculo, ela abandona o seu objetivo e muda para outro. Ela responde às derrotas com raiva e atrai para si a hostilidade dos outros pela simples razão de ser incapaz de esconder sua impaciência, como seus defeitos. Em contrapartida, a pessoa paciente enfrenta um obstáculo, confia em sua própria capacidade para superá-lo, e pensa no caminho que deve trilhar para atingir seu objetivo. A paciência na adversidade é um dos grandes dons da fé. Mas não é a única ação dessa virtude. Há também a capacidade de manter o objetivo constantemente presente na mente quando as opções mais fáceis forem tentações para trilhar outros caminhos.

No início dos anos setenta, o Sr. Byron Lewis alimentou a ambição de entrar na profissão de publicitário e de servir aos afro-americanos e às comunidades hispânicas através da criação de um espaço para eles na galeria de imagens comerciais que foram moldando a nova América. Suas tentativas de conseguir um emprego numa agência foram constantemente rejeitadas: no momento em que o poder de compra das minorias étnicas não era considerado suficiente para o comércio levá-lo em conta. Byron Lewis, entretanto, não desistiu de seu sonho. Em vez disso, há 30 anos, ele fundou a sua própria agência de publicidade e de relações públicas, a Uniworld, dedicada à apresentação dos clientes ao grande e crescente mercado de afro-americanos e hispânicos. Sua paciência e otimismo foram alicerçados na experiência religiosa da comunidade afro-americana. Como ele explica:

> A cultura negra é fundamentada em uma crença — uma crença religiosa — de que coisas boas acontecerão. Na minha geração, ela ainda existe. Admiro meus antepassados, porque perseveraram quando não parecia existir muitas oportunidades [...] Mas nós temos [...] a obrigação de realizar um trabalho árduo, porque é isso que este país, com todas as suas falhas, oferece às pessoas. E o que você vê nas comunidades afros é um compromisso absoluto com o trabalho duro... [bem como] o fortalecimento da família e o desenvolvimento de pequenos negócios. E certamente devo destacar as fundamentações religiosas de muitas dessas pessoas.

Lewis põe o seu dedo não só sobre o segredo de sua própria busca paciente por um nicho no mundo da publicidade, mas também sobre a vantagem comercial em longo prazo que está anexado a ele. Como ele dá a entender, as comunidades étnicas da moderna América têm um fundo do capital espiritual cuja potencial contribuição para a criação de riqueza tem sido ignorada ou descontada. A partir dessa reserva veio sua própria fé e o paciente trabalho que está alicerçado nela. Ao envolver-se com a herança espiritual dos negros americanos, Lewis tem inspirado muitos a seguir seu exemplo e a reivindicar seu lugar, há muito esperado, na criação da riqueza da sociedade.

## Perseverança

A paciência está intimamente relacionada com a perseverança, e ambas estão interligadas à palavra grega *sophrosyne* — sensatez, na tipologia de Aristóteles sobre as virtudes. O velho adágio: "Se no início você não conseguir, tente, tente e tente de novo" traz uma ideia que tem muitas aplicações nos negócios. Mas a tenacidade na busca por um objetivo não é a única forma de manifestação da perseverança. Igualmente importante é a capacidade de se manter firme na adversidade e continuar fazendo o que você acredita ser certo, mesmo quando nada parece funcionar e quando os outros estão progredindo, fazendo o que é questionável ou errado.

Essa foi a situação vivida por McDonald Williams, CEO e presidente da Trammell Crow Residencial, uma empresa com sede em Dallas, que enfrentou graves crises em sua vida empresarial. Uma delas ocorreu no início dos anos setenta. "O que me veio naquela época", diz Williams, "foi provavelmente o mais próximo possível de uma epifania em negócio que eu já tive, e que é: 'Espere um minuto, por que você veio? Você veio aqui por causa das pessoas e dos valores. As coisas mudaram? Não. Ambientes exteriores de negócios mudam. Nós estamos com problemas, mas os motivos que me trouxeram aqui persistem, e eu posso fazer a diferença neste ambiente'." Williams sobreviveu e prosperou, só para encontrar uma outra crise econômica na década de oitenta, quando sua perseverança foi testada até o limite. Ele viu os colegas perderem o sono, sofrerem rupturas conjugais e serem tentados a fazer o que eles não deveriam. Mas, graças a sua fé, ele se manteve firme:

> Minha fé foi mais relevante para meu negócio em tempos difíceis do que qualquer outra coisa, porque então seus valores estavam realmente ajustados em sua mente. Você vai viver por eles ou não? Você verá além do momento, para construir em um período mais longo? Quem é você? Você é apenas o seu trabalho? Você é apenas a sua carreira? Ou você está apenas preocupado com a sua reputação? Ou você está apenas pensando no valor de seu patrimônio? [As coisas] são importantes para mim, não posso negar isso. Mas acredito que a fé me ajudou, naquele momento, a ter perspectiva.[2]

Essas palavras deixam claro que a perseverança não é apenas uma ligeira teimosia do caráter. Ela está enraizada no fundo da alma, na própria autoconcepção da pessoa, e regula como ele responderá às questões apontadas por seu rosto refletido no espelho. "Para teu conhecido caráter ser uma verdade", Apolônio afirma, "deves prosseguir, como a noite sucede ao dia, e não podes, então, ser falso com nenhum homem". Fé é a verdade de Deus, e também é a verdade do caráter. E a partir dessa verdade, se sucedem a resistência e a perseverança.

## Disciplina

A disciplina está incutida em todas as outras virtudes que eu tenho discutido neste capítulo. Mas nunca é bem vizualizada quando os outros tentam minar a sua coragem e determinação, partindo do princípio que você irá falir. Esta tem sido a situação do talentoso arquiteto britânico Quinlan Terry, que dedicou sua vida à causa da arquitetura clássica, em oposição ao socialmente desastroso regime de habitação coletiva iniciada pelos modernistas na Europa, e às práticas de zoneamento que levaram ao trágico declínio das cidades americanas.

Terry nasceu no meio do subúrbio londrino de Hampstead, durante a guerra. Filho de ateus socialistas, tinha pais progressistas que se recusaram a batizá-lo. Seus pais ficaram encantados com sua escolha de carreira, desde que entenderam a arquitetura como expressão de valores modernistas, dedicados à construção de um admirável mundo novo em que a razão iria triunfar sobre a superstição. Entretanto, enquanto estudava na Architectural Association em Londres, Terry se converteu, simultaneamente, ao classicismo e ao Cristianismo. Em ambos viu as marcas de uma profunda disciplina — no primeiro, um espírito gravado na pedra, e no outro, corações de pedra transformados pelo Espírito. Ele estudou a arquitetura do passado, tornou-se hábil no desenho, na concepção e na percepção das formas clássicas, e desejava implementar o seu estilo na construção dessa forma disciplinada. Mas a Architectural Association, uma fortaleza do modernismo, não permitiria que ele se graduasse baseado em seus projetos. Somente através da apresentação de projetos modernistas ele poderia obter a qualificação. Esse foi um dos primeiros sinais da intolerante oposição que Terry teve de enfrentar ao longo de sua carreira.

Ele se associou ao escritório de Raymond Erith, último remanescente de uma grande escola clássica em Londres. Quando Erith morreu, em 1973, ele assumiu o escritório. Então começou a enfrentar o isolamento cada vez maior, pois as licitações eram de difícil aprovação, e porque foi determinado que todas as licitações públicas seriam entregues aos modernistas, que eram consultados pelo governo e pelos oficiais de planejamento. Em cada ponto da carreira de Terry, a instituição modernista, incluindo figuras poderosas como Richard Rogers e Norman Foster, tentou impedi-lo, denunciando seus projetos e impedindo-o de concorrer em licitações públicas. Durante longos anos de dificuldades, ele, entretanto, perseverou por conta da força decorrente de sua fé cristã:

> Vejo um paralelo em qualquer ponto existente entre a tradição clássica na arquitetura e a fé cristã. Ambas nos pedem para mudar a partir de coisas efêmeras e fixar nossos olhos naquilo que perdura. Ambas exigem disciplina, abnegação e desprezo pela moda. Ambas colocam os outros antes de si próprio e a perspectiva em longo prazo antes do panorama em curto prazo. Ambas nos conscientizam da brevidade e da incerteza da nossa vida na terra. Mas porque acredito, desde então, na glória eterna, para os que confiam em Cristo, não tem sido importante perseguir o sucesso mundano. Quando os modernistas ganhavam um projeto no qual eu concorria, aceitava isso como um sinal de que Deus não o tinha separado para mim. Eles zombavam da minha fé, mas são eles e não eu que devem ser evangelizados. Toda a glória para os modernistas encontra-se neste mundo, por isso investem todas as suas energias na impressão da imagem de seu vazio espiritual onde quer que possam. Eu gosto de pensar que, ao investir em outro mundo, eu me livro de um conflito neste mundo.

Terry conseguiu poucas licitações de construções que foram ridicularizadas pela imprensa de arquitetura, embora fossem muito apreciadas pelos clientes e pelo público em geral. As realizações de Terry cresceram lentamente, tornando-se atenção pública em 1984, com o desenvolvimento de uma grande área do subúrbio de Richmond, em Londres, em frente ao Tâmisa. Esse complexo de edifícios clássicos, construído em um solo de gramíneas acima do rio, tornou-se uma das mais populares atrações turísticas de Londres, e nunca deixou de ser denunciado em revistas profissionais e ridicularizado por aqueles que não podiam esperar para emular o seu acabamento artesanal e apelo popular. Mesmo quando os clientes procuravam Terry como arquiteto de um plano já acordado, os modernistas faziam *lobby* contra ele. Eles induziram os oficiais de planejamento a rejeitar o projeto dele para a catedral católica romana Brentwood, em Essex — um edifício que só pôde ser construido depois que ele apelou contra a decisão (a catedral é hoje o edifício mais popular em Brentwood). Deixando a arrogância de lado, Foster e Rogers escreveram ao vice-primeiro-ministro pedindo-lhe para aceitar os projetos de Terry referentes à extensão do hospital militar Chelsea; os projetos já tinham sido encomendados pelo hospital e aceitos pelos planejadores. Terry, com silenciosa e modesta persistência e face à incessante malícia, tem sido uma inspiração para os outros, particularmente ao arquiteto de Luxemburgo, Léon Krier, que supervisionou o Príncipe de Gales em um modelo da aldeia de Poundbury, na periferia de Dorchester, e também ao crescente número de classicistas da América, onde Terry tem sido responsável pelo desenvolvimento do centro da cidade de Williamsburg,

Virginia, da *Colonial Williamsburg Foundation* [Fundação Colonial Williamsburg]. Mesmo com um início de carreira bem difícil, ele construiu uma prática bem-sucedida que expressava sua fé, produzindo edifícios que são tão disciplinados e discretos como ele é.

O sucesso de Terry não foi, portanto, somente seu. Ele demonstrou como escapar do estilo tirânico, dos produtos de curta-duração, e dos planos desumanos que causaram tantos prejuízos às nossas cidades, através da concepção de ambientes humanos em que as pessoas possam viver, trabalhar e se desenvolver como seres sociais e espirituais. Ele e Léon Krier inspiraram o movimento denominado *New Urbanism* [Novo Urbanismo] nos Estados Unidos, que agora tem mais de mil projetos imobiliários com seu crédito. O movimento é parte de uma crescente reação contra as ideias de planejamento associadas com o Le Corbusier e o Bauhaus, que muitos culpam pelo social e esteticamente desastroso desenvolvimento da década de 1960. Como as teorias socialistas que foram inspiradas neles, a arquitetura panacéia de Le Corbusier e de Bauhaus foi baseada em ideias puramente seculares da realização humana, e ambos foram coletivistas e despóticos, à maneira do Estado comunista. Higiene, limpeza e provisão das necessidades físicas ditadas nas formas de "as máquinas para viver em" que Le Corbusier impôs por decreto. E as pessoas tornaram-se engrenagens dessas máquinas, como Olga William Pollard nas máquinas do Estado comunista. Não surpreendentemente, os detentos dos subúrbios de Corbusier, perto de Paris, se revoltaram e deram vazão à sua violenta fúria contra esse ambiente aprisionador. Terry acreditava que ao construir para o espírito humano, permitimos que as pessoas cresçam em seu ambiente, até torná-lo uma casa. Com a construção de acordo com os princípios do classicismo, construímos não só para a maior glória de Deus mas também para a maior felicidade de suas criaturas.

Os exemplos que citamos neste capítulo, espero, ilustram a forma como a fé não se limita a fornecer a base sólida sobre a qual as virtudes são construídas, mas também irradia as ações que resultam dela, de modo a transmitir-lhes um calor e humanidade que refute inteiramente a visão esquerdista da empresa como um negócio cruel, em que monstros lutam até a morte sobre os corpos de suas vítimas. A criação de riqueza é um processo natural e cooperativo, que necessita de coragem, perseverança, paciência e disciplina, porque essas virtudes são necessárias em todas as ações honrosas e são os ingredientes do verdadeiro sucesso humano.

CAPÍTULO 5

# Virtudes suaves: justiça, perdão, compaixão, humildade e gratidão

Sem malícia contra ninguém, sendo caridoso com todos, tendo firmeza no direito que Deus nos concede para ver o que é certo.

— ABRAHAM LINCOLN

NÃO É DIFÍCIL COMPREENDER o lugar das virtudes fortes na condução de um negócio moderno. Coragem é parte essencial na tomada de riscos; perseverança e disciplina são condições *sine qua non* sem as quais ninguém pode galgar, por esforços próprios, uma posição de proeminência em qualquer campo da atividade humana. E quando olhamos para trás, nos escritos dos gregos e dos romanos, encontramos essas virtudes masculinas no cerne dos seus pensamentos. São as disposições que levam ao "sucesso da ação", como Aristóteles citou: são as forças que servem para construir algo mais objetivo que apenas um sonho ocioso.

Nós, porém, herdeiros de cerca de dois mil anos de civilização cristã e educados em uma religião que faz do amor e do perdão o cerne de sua mensagem, somos capazes de olhar de soslaio para as antigas virtudes fortes. Todas elas estão muito bem em seus lugares. Mas esse lugar não é onde está o coração. Elas são úteis na obtenção de nossos objetivos em curto prazo. Mas a paz de espírito e o consolo da alma são alcançados de outra maneira, através das virtudes suaves e mais femininas da compaixão, do amor e do perdão. E estas, somos capazes de pensar, são essencialmente virtudes domésticas, encontradas no lar. Não as exibimos fora do mercado, porque não há nenhum negócio lá. De fato, neste mundo cruel e competitivo, elas servem apenas para nos manter de mãos atadas e dar a vantagem para os nossos concorrentes mais cruéis.

Esse é o pensamento que sustenta grande parte da crítica de esquerda do próprio sistema capitalista. A economia de mercado, segundo dizem, tem como base a autobusca e o interesse privado. Se introduzirmos a compaixão, ela irá desmoronar — o mecanismo de preço não tolerará isso. A essência da economia capitalista é a luta darwiniana pela sobrevivência, e as falhas identificadas no caminho devem ser extintas, se todo o processo é de trabalho. Associado a isso, ao aceitar a economia capitalista como solução definitiva para todos os nossos problemas econômicos, comprometemo-nos com uma moralidade de sucesso e a condenar as falhas. E a criar um mundo sem compaixão em que só os mais durões podem prosperar.

Neste capítulo, propomo-nos a provar a falsidade desta acusação. As virtudes suaves, não só são compatíveis com o capitalismo, como também, na verdade, exigem-no. Elas têm um lugar no mundo dos negócios que é tão importante quanto o seu lugar na vida doméstica comum, e elas fazem sua própria contribuição, muitas vezes surpreendente, para o sucesso empresarial. Além disso, elas constituem a parte mais valiosa do nosso capital espiritual e mostram, da forma mais clara possível, que uma empresa espiritual está, ou deveria estar, no coração da economia livre.

Antes, porém, devemos nos lembrar de um princípio que tem influenciado o argumento deste livro por toda parte. O lucro não é sempre o objetivo do negócio e, por vezes, temos por objetivo não lucrar. Essa é a mensagem que temos aprendido com as empresas visionárias. Mas é uma mensagem que precisa ser muito bem consolidada. O bem-estar econômico de uma sociedade, assinalou Adam Smith, não surge porque o buscamos, mas porque estamos intensamente objetivando outras coisas, que geram nosso bem-estar comum, proporcionado por "uma mão invisível". Algo semelhante acontece em uma empresa. Seu bem-estar depende da rentabilidade. Mas muitas vezes, buscando a todo custo ser lucrativa, destrói as condições a que a rentabilidade está subordinada. Nós alienamos a nossa força de trabalho ou da comunidade local, destruímos o incentivo e minamos o trabalho como um fórum para a vida comunitária, ficamos presos a antigos e rentáveis modelos, que após um longo caminho, a competição tornou não rentáveis, e assim por diante. A história foi contada muitas vezes e de muitas maneiras. Mas a essência é simples: o sucesso em uma economia de mercado não vem porque você aponta para ele, o sucesso vem porque você encontrou o seu nicho ecológico e pode prosperar lá ao atribuir seu próprio valor a cada coisa. E a elas devem ser incorporadas uma dimensão social, moral e espiritual, se é para atrair a lealdade e o compromisso das pessoas com quem e para quem você faz isso.

Os biólogos têm mostrado como as estratégias altruístas beneficiam o conjunto genético do organismo que as apresenta. A vontade da leoa em sacrificar-se por seus filhotes é uma estratégia de sobrevivência, e isto é demonstrado através do austero forno da evolução, assim como a vontade das abelhas em morrer pela defesa da colméia é um dos motivos para o sucesso a longo prazo da sua espécie. Eu não digo que o altruísmo humano é de alguma forma tão simples como as estratégias biológicas que levam esse nome, mas é semelhante na sua contribuição para o nosso sucesso em longo prazo. Compaixão pode ser, para Nietzsche, entendida como uma fraqueza, mas uma sociedade que não a possui, cedo ou tarde afunda ao se confrontar com os recifes de sua própria crueldade, como a União Soviética, que naufragou quando finalmente perdeu toda a confiança e a universal suspeita de que pudesse colocar todos contra o seu próximo. O perdão pode parecer uma receita para o fracasso em um mundo em que é necessário competir por recursos escassos, mas é a única solução conhecida para os conflitos humanos, e o único que pode perdoar é aquele cujas feridas nunca são fatais. Humildade não é uma virtude que você espera encontrar nas disputas das grandes empresas, mas a pessoa humilde, que confessa seus erros e os repara devidamente, está mais bem capacitado para gerir a derrota, aceitar suas perdas, e superar as contrariedades, que são os custos da rotina de fazer negócios.

## Justiça

Antes de considerar as virtudes suaves, vale a pena retornar brevemente à antiga ideia de justiça, que Aristóteles e outros enfatizaram como sendo uma virtude cardeal, unindo sucesso na ação com amizade e condutas adequadas com os outros. Isto é um dos libelos, há muito existentes, contra o capitalismo, ossificado em uma "teoria" de Karl Marx, em que o capitalista "explora" os trabalhadores que emprega e todos os lucros são adquiridos por meios injustos. A queda da teoria do valor, o reconhecimento do papel do empresário e do captor de risco, e o desenvolvimento da teoria do capital, só servem para refutar as antigas e ressentidas imagens do capitalismo. Graças, acima de tudo, ao trabalho dos economistas da Áustria e de Chicago, agora temos uma imagem muito mais clara do papel da empresa em uma economia livre. Esse empreendimento é uma cooperativa, fundada no contrato, em que recompensas são distribuídas de acordo com as responsabilidades assumidas e os riscos incorrentes, e no fato de que cada membro tem interesse em estabelecer acordos com outros que lhes dê a devida atenção. Em outras palavras, a justiça é a principal ligação interna de uma empresa, e sempre que ela se ausentar da empresa, esta estará em perigo. Isso não quer dizer que todas as empresas lidam justamente com seus empregados ou que não existem conflitos profundamente enraizados no local de trabalho. Quer dizer, ao contrário, que uma empresa, como uma cooperativa, depende de negócios justos. A injustiça é precisamente o que traz um fim rápido à cooperação.

Mas quais são as relações da empresa com a sociedade circundante, com os vizinhos, concorrentes e estranhos com quem não tem um acordo contratual ou negócio? Esta é uma área onde o capital espiritual torna-se vividamente conhecido. Um exemplo ilustrativo é o de J. Irwin Miller, o fundador da *Cummins Engine Company*, uma empresa que projeta, fabrica e distribui serviços de força tecnológica, incluindo sistemas de combustíveis, controles, filtragem de ar, soluções de emissão e geração de energia elétrica. Com sede em Colombo, Indiana, a Cummins já atende a clientes em 160 países por uma rede de distribuidores próprios e independentes. Com um lucro de 55 milhões de dólares sobre as vendas de quase 10 bilhões de dólares, em 2005 entrou na lista das 500 maiores fortunas do país.

Miller, que morreu em 2004, pertencia aos Discípulos de Cristo, denominação que enfatiza a necessidade de dar testemunho de Cristo em todas as suas ações e de conduzir a vida como uma forma de discipulado. Ele montou a Cummins Engine Company sobre as linhas exigidas pela sua fé, motivado por um ideal de relacionamento justo que o distinguiu de muitos de seus concorrentes na área. Assim, em 1930, Miller deu seu apoio à formação de um sindicato na Cummins, uma ideia que foi condenada no momento. Mais tarde, em 1970, ele fechou a fábrica da Cummins na África do Sul, quando o regime não permitia a integração racial no trabalho. Mesmo aposentado, ele travou uma disputa ao apoiar a gestão da Cummins em sua decisão de estender os seus benefícios aos parceiros domésticos dos trabalhadores. E durante a sua longa trajetória de construção da empresa, Miller respeitou o princípio da Cummins em melhorar progressivamente as comunidades em que seus funcionários trabalhavam e viviam. Ele dedicou sua fortuna ao patrocínio de notáveis edifícios em Colombo, e apesar do seu gosto não ser apreciado por Quinlan Terry, que mencionei no capítulo anterior, o seu patrocínio o tornou querido para muitos, em Colombo, uma vez que colocou a cidade no mapa e inspirou um ressurgimento do espírito cívico nos seus moradores.

Miller também era conhecido por suas atividades no *National Council of Churches* [Conselho Nacional das Igrejas], que ele ajudou a fundar em 1950, tornando-se seu presidente e primeiro leigo a trabalhar para associar as igrejas ao movimento dos direitos civis, de modo que o Conselho Nacional tornou-se um dos dez patrocinadores da histórica marcha pelos direitos civis de 1963, em Washington. Miller realizou esse trabalho em prol das grandes demandas da justiça, como uma busca contínua de justiça para os seus próprios empregados. Em muitos pontos em sua carreira, ele estava preparado para pôr a justiça antes do lucro e foi recompensado com a lealdade e o comprometimento de sua força de trabalho. É justamente por conta desse compromisso que a Cummins foi capaz de obter e manter a sua posição de liderança no mercado que servia, e a empresa continua a ser hoje uma vívida ilustração da maneira com que se mantêm os negócios baseados na fé.

O exemplo da Cummins ilustra como a justiça no trabalho propaga uma postura mais geral, definindo o lugar de uma empresa na comunidade em que faz parte e no mundo como um todo. Mas a justiça é uma perspectiva distante e imparcial sobre o mundo, e ainda não exige atitudes parciais e sofríveis que muitas vezes são exigidas de nós pela fé. Compaixão, perdão e humildade são difíceis estados de espírito. Nós as chamamos de virtudes, pois constatamos que são admiráveis e que frequentemente nos surpreendemos com as pessoas que por elas são guiadas nas provações da vida, mas sabemos também — sem necessariamente sermos capazes de colocar esse conhecimento em palavras — que essas pessoas têm um recurso que irá atendê-las bem. Essas qualidades não são, contudo, facilmente adquiridas. Eu não nego que os ateus e céticos podem ser tão misericordiosos, humildes e perdoadores como as pessoas de fé. Mas, ao cultivar essas virtudes, eles extraem, como o resto de nós, de um amontoado de provisões do capital espiritual o que eles não conseguem criar sozinhos. Compaixão e perdão foram ensinados por textos religiosos e exemplos; a humildade tem sido fortalecida pela adoração e oração. E muitas vezes é a experiência dessas qualidades em pessoas comuns e tementes a Deus que nos motivam a ser como eles e transformam nossa vida.

## Um empresário inflexível

Nicholas van Hoogstraten iniciou sua carreira aos dezessete anos, vendendo sua coleção de selos por 1.000 libras esterlinas e investindo em uma propriedade nas Bahamas. Seu único interesse era ganhar dinheiro, e com astúcia e previdência ele conseguiu vender sua propriedade nas Bahamas e investir no mercado de imóveis britânico, pouco antes do boom imobiliário. Com a idade de 22 anos ele era o mais jovem milionário da Grã-Bretanha, com uma reputação de crueldade com os seus inquilinos e rivais nos negócios e uma capacidade de superar toda a oposição pela força de sua personalidade. Ele era uma caricatura do magnata nietzschiano como Ayn Rand o tinha pintado, e correspondia exatamente à visão da ala esquerda do capitalismo, ou seja, uma pessoa perseguindo implacavelmente o seu próprio lucro sem levar em conta outros interesses, a não ser os seus próprios. Ao comprar barato e vender caro, ele jogou com o mercado imobiliário para sua própria satisfação e sem compaixão com a "ralé", como ele chamava, cujo arrendamento ele abruptamente pôs termo — se necessário, através da intimidação. E ano após ano, os lucros subiram, todos obtidos por ele, pois não havia mais ninguém envolvido: uma empresa, afinal, é uma parceria com os outros, e com os outros Hoogstraten não contava.

Hoogstraten, porém, tinha uma fraqueza que era o fato de não conseguir perdoar. Se alguém lhe devia dinheiro, tinha de pagar, independentemente de sua situação. Se alguém se apresentasse como seu rival, ele devia ser punido, independentemente da forma de justiça aplicada ao seu caso. Em 1960, irritado com um rabino que se recusou a pagar uma referida dívida, Hoogstraten lançou um ataque com granadas à casa do rabino. Por isso, ele passou quatro anos na prisão, uma amarga experiência que o privou do gozo de seus milhões. Ele construiu uma grande mansão em que abrigou sua extensa coleção de arte e dominava seu próprio cantinho na Inglaterra. Infelizmente, a casa foi construída ao lado de uma passagem usada por pedestres. Não conseguindo interagir ou perdoar a presença deles, Hoogstraten vivia em sua casa como um tigre em uma jaula, rosnando para cada transeunte, atacando e importunando sua enxurrada de visitantes indesejados, e em conflito permanente com a lei.

Então, em 2000, ele se desentendeu com um rival de negócios, o Sr. Raja, que tinha cometido o erro de se associar a ele em um negócio e quis assumir a sua quota do produto. Novamente Hoogstraten, incapaz de enxergar o caminho para o perdão, buscou a punição. Raja foi morto por dois capangas contratados e, em seu devido tempo, Hoogstraten foi condenado por homicídio a dez anos de prisão. Mais tarde, o veredito foi revogado e Hoogstraten foi solto, apenas para enfrentar um processo civil aberto pela família do Sr. Raja, em que foi considerado responsável pela sua morte. Sua propriedade está agora sob confisco do tribunal com quem luta para não pagar a indenização à família do Sr. Raja.

Você poderia chamar isso de sucesso empresarial, se você quisesse: afinal, Hoogstraten ainda é um milionário reconhecido. Mas ele está condenado a ocultar seus bens da lei, perdeu anos de sua vida na prisão, e sua reputação tem sido tão destruída que ele não pode fazer nada com sua propriedade, pois não irá conseguir nem simpatia, nem afeição dos outros. Ele está sentado sob um bem estéril, ou seja, um imóvel inútil como o mausoléu com paredes de três metros de espessura que construiu para si próprio em sua mansão. Na verdade, ele já está vivendo naquele mausoléu, entoando seu "mantra randiano" que diz "o objetivo da riqueza é colocar-se em um pedestal".

## O empresário que perdoa

É instrutivo retomar aqui o caso de Jonathan Ruffer, que considerei no último capítulo. Quando Ruffer deixou a parceria que havia criado, foi com a intenção de se comportar perfeitamente. Ele não contestou a injunção que seus parceiros colocaram sobre ele, que o privou de seus clientes e obrigou-o a recomeçar do zero. Ele também não tentou obter de qualquer parceria o que não era estritamente correto em termos contratuais. Um dos termos de seu contrato, no entanto, foi uma opção — que ele ainda não tinha exercido — pela aquisição de ações no valor de perto de um milhão de libras pelo valor nominal. Isso fazia parte da sua remuneração, e poderia ser negado apenas em razão de "uma falta grave". Assim, seus sócios alegaram falta grave e se recusaram a transferir as ações. Jonathan Ruffer sentiu o peso da acusação injusta e sabia que se os processasse, a acusação seria desconsiderada pelos tribunais e as ações seriam dele. Ele decidiu, entretanto, não processá-los, e, ao invés disso, estudou o perdão. Para Ruffer, a Oração do Senhor, através da qual buscamos o perdão e que nos ordena a perdoar é, por sua vez, o verdadeiro guia para os conflitos humanos. Ao refletir sobre essa oração e todas as bênçãos que tinham sido postas sobre ele, Jonathan Ruffer compreendeu rapidamente que o perdão seria o caminho para renovar o seu próprio sentimento de esperança, dar-lhe coragem para o futuro e para começar sua nova vida honestamente e sem problemas de consciência. Era muito mais adequado comportar-se corretamente e buscar o perdão de Deus, sobre toda a ira que ele pudesse sentir, do que procurar a vingança por causa de um mal.

Entendido dessa forma, o perdão é, provavelmente, a parte mais importante do nosso capital espiritual. Não só desfaz o nó dos conflitos, como nos coloca sempre em um novo caminho e assim libera a energia e a autoconfiança que estão represadas, não permitindo que a raiva e o ressentimento se voltem contra nós. O perdão não é apenas um estado de espírito, é um processo. O caráter de quem perdoa é o único em que esse processo está constantemente envolvido, tanto para os outros, como para si próprio. Esta é a verdade contida nas palavras da exemplar Oração do Senhor: "Perdoa as nossas dívidas, assim como perdoamos aos nossos devedores." O Alcorão, também, embora permita a retaliação a um mal, insiste em que a pessoa que sofra um mal com coragem e perdoe, alcança um elevado estado de graça (42:43).

Agora, é muito mais fácil perdoar se a pessoa que prejudicou você reconhece sua própria culpa e se esforça para reparar isso. Nestas circunstâncias, o perdão é o ponto final de um diálogo moral em que cada um trata o outro como um ser plenamente responsável, e o respeito e o afeto são restaurados. Este processo pode ser observado diariamente em todas as contendas da vida humana, e a pessoa generosa é a única que pode transferir esse processo a grandes e prejudiciais erros que poderiam ameaçar e destruir qualquer possibilidade de respeito, afeto ou amor: a pessoa pode perdoar a sua mulher adúltera, o seu amigo traidor ou o seu filho pródigo.

Isto não é, entretanto, ao que a virtude do perdão equivale. Para possuir esta virtude é necessário ir além dos negócios realizados na atualidade, não apenas concedendo o perdão aos grandes males, mas sendo capaz de perdoar a pessoa que não reconhece seu erro, que está determinada a aproveitar a vantagem e que talvez se alegre com sua aflição. Na vida doméstica, muitas vezes não encontramos esse tipo de pessoa: aqueles que convivem em regime doméstico têm interesse em restabelecer a afeição. Nos negócios, no entanto, como em todas as atividades em que nos relacionamos com pessoas cujas emoções independem de nós, estamos constantemente expostos à indiferença —

a uma pessoa egoísta que ignora as suas vítimas. E esse é o cerne da acusação feita contra o capitalismo. Essa atitude de indiferença, dizem, é incentivada pela economia do mercado livre. É precisamente por ser indiferente aos outros que nós criamos a livre concorrência através da qual a economia capitalista avança. Em tal sistema não há lugar para o perdão: considerado um resíduo de distúrbios emocionais que pertencem a outra época e uma forma mais lenta de fazer as coisas.

Se essa visão fosse verdadeira, então esperaríamos que a economia capitalista fosse uma grande disputa predatória, em que as pessoas competem apesar do "estado de natureza", aproveitando o que podem sem levar em conta os outros. Ninguém pode negar que os predadores existem e que eles cobram seus preços. Mas eles são, essencialmente, intrusos ou vândalos no mercado — parasitas que buscam uma renda a partir do trabalho de outras pessoas e que perturbam o curso normal do processo de conciliação humana. Eles criam condições em que a virtude do perdão é posta à prova.

Um caso ilustrativo é o de John H. Tyson, presidente e CEO da Tyson Foods. Segundo suas próprias palavras, a Tyson Foods procura "ser um empresa digna e simpatizante da fé, para servir como guardiã de animais, da terra e do ambiente que nos foi confiado, para ganhar lucros consistentes e satisfatórios para nossos acionistas e investir em nosso pessoal, produtos e processos, para operar com integridade e confiança em tudo o que fazemos, para honrar a Deus e respeitar uns aos outros, nossos clientes e nossos acionistas". Esta tem sido a filosofia da Tyson Foods desde a sua fundação, e a forte ideologia da empresa baseada na fé ajudou para que se tornasse na maior produtora mundial de multiproteína, empregando mais de 120 mil pessoas nos Estados Unidos e no México. John Tyson orgulhosamente diz: "Nós não temos funcionários, temos membros de uma equipe", e sua empresa segue um contrato dos direitos dos trabalhadores destinado a consolidar o respeito mútuo no centro dos negócios. Era inconcebível para John Tyson que a sua força de trabalho pudesse se levantar contra ele ou que decidisse pela sua ruína. Mas ele não contava com os seus advogados. A *Association of Trial Lawyers of America* [Associação dos Advogados da América] tornou-se, provavelmente, o maior predador de propriedades de outras pessoas na história da humanidade. Graças às disposições americanas para "ações coletivas" por qualquer dano, tem sido capaz de aumentar consideravelmente as taxas para os seus membros de forma sistemática depredando corporações que podiam ser contestadas por algum júri crédulo, como os grandes exploradores de pessoas vulneráveis. De fato, a caricatura da ala esquerda da sociedade capitalista não tem sido útil a ninguém a não ser ao protótipo americano do advogado milionário, que a usa a fim de obter lucros que ele não poderia receber com trabalho honesto.

As alegações feitas em 1999 eram de que imigrantes ilegais foram recrutados como empregados em algumas das instalações da Tyson. Essas alegações levaram a uma acusação criminal, da qual a corporação foi finalmente absolvida. Enquanto o julgamento prosseguia, porém, os advogados foram capazes de aproveitar as alegações, a fim de criar uma ação coletiva, baseada na premissa de que os trabalhadores imigrantes foram trazidos precisamente para reduzir os salários dos trabalhadores locais, que foram, portanto, reivindicar seus direitos à indenização. A ação coletiva foi feita em nome de todas as pessoas legalmente autorizadas, empregadas pela Tyson Foods em suas instalações nos Estados Unidos por um período de quatro anos. E a ação seguiu seu curso. O resultado foi, inicialmente, um impiedoso ataque à reputação da Tyson Foods nos meios de comunicação (com a Tyson sendo apresentanda entre as dez "empresas criminosas" citadas pelo *Corporate Crime Watch* [Observatório do Crime Corporativo]) e, em seguida, uma eventual falência de John Tyson e de sua empresa.

Como se recuperar de um golpe — perder tudo por causa de uma acusação injusta e em face de uma traição coletiva por aqueles que tinham sido considerados como um dos seus familiares e amigos? A resposta é o perdão. John Tyson estudou todas as maneiras pelas quais sua equipe poderia ser perdoada por ceder a uma tentação que ele não tinha previsto. Ele observou que a tentação era realmente uma intrusa exterior, que o predador real não estava vinculado à sua empresa por qualquer relação de confiança, e que ele foi presenteado com uma oportunidade para limpar sua mente do ressentimento e começar de novo. E perdoando sua equipe, ele se reconciliou com ela. Dentro de pouco tempo ele tinha refinanciado seus negócios e voltou à sua posição dominante no mercado.

Nesse exemplo, vemos como o perdão promove o retorno à normalidade e à derrota de uma invasão hostil. Longe de ser uma fraqueza, é uma força, sustentando a determinação de superar infelicidade e permitir a renovação da empresa. Se John Tyson não tivesse sido capaz de perdoar, se ele tivesse caído na amargura e no ressentimento, não há dúvida de que sua empresa jamais teria se recuperado.

Deste modo, ele entrou novamente no mercado e também ajudou a restaurar o equilíbrio econômico que os advogados tinham momentaneamente perturbado.

## O negócio compassivo

Em 1976, o Professor Muhammad Yunus, diretor do Programa de Economia Rural da Universidade de Chittagong, em Bangladesh, começou a analisar a possibilidade de projetar um sistema de fornecimento de crédito bancário voltado à população de baixa renda da zona rural. O projeto do Banco Grameen (Grameen significa meio rural ou vila, em bengalês) entrou em funcionamento com o objetivo de ampliar as facilidades bancárias para homens e mulheres pobres, de modo a eliminar a exploração deles por agiotas e criar oportunidades para o autoemprego à imensa multidão de pessoas desempregadas na área rural de Bangladesh. Esperava-se trazer os mais desfavorecidos, principalmente as mulheres das famílias mais pobres, ao âmbito de um formato organizacional que eles pudessem entender e conseguissem por si mesmos gerenciar, e que pudesse substituir o velho círculo vicioso de "baixa renda, baixa poupança, baixo investimento" com o círculo virtuoso de "baixa renda, injeção de crédito, investimento, mais renda, mais economia, mais investimento, mais renda". Em outras palavras, a ideia era estimular a criação de riqueza no espírito daqueles que analisei neste livro: liberando o potencial criativo das pessoas às quais até agora não foi dada nenhuma oportunidade para prosperar.

A pesquisa demonstrou sua força em Jobra (uma aldeia vizinha à Universidade de Chittagong) e em algumas das aldeias vizinhas durante 1976 a 1979. Com o patrocínio do banco central do país e o apoio dos bancos do comércio nacional, o projeto foi expandido a Tangail (um distrito ao norte de Daca, capital de Bangladesh) em 1979. Com o sucesso de Tangail, o projeto foi expandido a vários outros distritos no país. Em outubro de 1983, o projeto do Banco Grameen foi transformado em uma organização bancária independente pela legislação federal. O Banco Grameen é hoje propriedade da população carente rural a quem ele serve. Eles são mutuários do próprio banco com 90% de suas ações, enquanto os 10% restantes são de propriedade do governo.

O projeto do Banco Grameen está sendo copiado e ampliado nas regiões mais pobres do mundo, e ilustra o modo como a compaixão, longe de atar as mãos de empresários, permite-lhes desbloquear o potencial criativo das pessoas a quem ajudam. O programa de microcrédito sem garantias — em outras palavras, o crédito em que todo o risco é do credor — está fora dos limites das práticas bancárias tradicionais e não tem outro fundamento que não a compaixão e a confiança em outro ser humano. Mas o negócio começou a crescer imediatamente e, a partir de 2004, já havia fornecido recursos financeiros para mais de quatro milhões de mutuários.

O projeto pode ser citado como um paradigma de inovação nas empresas. Mas ele também abre um vasto fundo de capital espiritual entre os muçulmanos comuns que entraram no esquema. Estas são as pessoas que, por causa de sua tradição, respondem à confiança com a confiança que oferecem, e recebem a compaixão não como um insulto, mas como um convite para melhorarem por conta própria. Décadas de desemprego e dependência foram deixados de lado tão logo as torneiras espirituais foram abertas. Além disso, ao libertar o potencial criativo dos seus quatro milhões de mutuários, o Banco Grameen permitiu a criação de inúmeros bens que de outra forma não teriam existido. Ele catalisou a criação de riqueza real a partir do nada, exceto o desejo humano por isso.

Pouco antes do projeto do Banco Grameen ser lançado, uma iniciativa cristã norte-americana deu passos na mesma direção. Aconteceu que em um domingo, em 1972, Alfred Whittaker, recentemente eleito presidente da Bristol-Meyers, ouviu um sermão em que o pastor apontava para a necessidade de uma organização que ajudasse a criar emprego para os pobres nos países em desenvolvimento. Whittaker, impressionado com o que ouviu, parou seu trabalho, vendeu sua casa e fundou a *Opportunity International* [Oportunidade Internacional], uma organização sem fins lucrativos que empresta dinheiro, oferece aconselhamento, supervisão e capacitação técnica aos novos empresários, aos pobres dos países em desenvolvimento. A maioria dos empréstimos, como os do Banco Grameen, situam-se entre o equivalente local a 50 dólares e 800 dólares; em 1994, a *Opportunity International* distribuiu 24 mil de tais empréstimos e gerou 64 mil postos de trabalho. A organização trabalha agora na América Latina, Ásia, África e leste da Europa, com captação de recursos e organização de filiais em todo o mundo. Ela se descreve como uma organização cristã ecumênica, motivada pelo chamado de Jesus Cristo para servir a pobres, enquanto serve a homens e mulheres de todas as crenças. Ela é um dos exemplos mais marcantes da criação de riqueza através de uma empresa que eu conheci e é uma prova evidente de que o insumo mais importante para tal empreendimento não é o capital financeiro, mas o espiritual.

A compaixão pelos pobres e necessitados é apenas uma forma que a afabilidade humana pode assumir, mas o mandamento de amar ao próximo como a nós mesmos, na verdade, vai muito mais além, e é uma ordenança que exige elucidação. "Quem é meu próximo?", pergunta o cético, e é essa a situação que Cristo, na parábola do Bom Samaritano, abordou. A tentação é responder "toda e qualquer pessoa". Mas é uma resposta que, porque exige muito de nós, ainda tem muitas desculpas. Uma ordenança que não podemos cumprir é aquela que desobedecemos de consciência tranquila. É por isso que Cristo contou a parábola do Bom Samaritano: não apenas para argumentar contra a ética e os preconceitos religiosos de seus contemporâneos, mas para salientar que o objeto da compaixão é essa pessoa, que está aqui e agora — a quem você encontra e cuja necessidade chama por você. O ideal do Novo Testamento, da caridade — *ágape* — é uma forma de amor. Eu não posso amar o abstrato e o estranho universal, mas eu posso atender com amor à pessoa ferida que está no meu caminho.

Esse tipo de compaixão também tem seu papel nos negócios, e é sustentado pela fé. Um exemplo interessante é fornecido pelo caso da Corporação Tomasso, uma empresa de médio porte de propriedade privada, em Quebec, que se especializou na produção de uma marca de comida congelada e aperitivos vendidos no Canadá, nos Estados Unidos e no mercado mexicano. A empresa foi fundada 70 anos atrás por Giovanina di Tomasso e baseada em seu restaurante popular de estilo italiano, em Montreal. Na década de 1950, a empresa se expandiu rapidamente, e no início de 1980 ela fechou um grande contrato com a gigante varejista de alimentos Costco. A Corporação Tomasso aproximou-se do empresário Robert Quimet em busca de um investimento de capital que financiasse sua expansão. A companhia de Quimet adquiriu 100% da Tomasso e ele se tornou presidente e único acionista.

A Tomasso continuou a crescer na década de 1990, mas o rápido crescimento também se estendia à força de trabalho. Novos estilos de gestão foram postos em prática; gestores da velha esquerda foram substituídos por novos. Modernas instalações de processamento de alimentos foram criadas em um novo local e os trabalhadores tornaram-se sindicalizados. A gestão de relacionamento com os funcionários entrou em um período de tensão. Com a saída dos principais gestores e iminentes alterações culturais, Quimet percebeu que precisava de uma nova abordagem, a fim de reconstruir as relações com os principais clientes e, ao mesmo tempo, lidar com problemas difusos de moral e produtividade dos empregados.

Quimet procurava intensamente unir a sua fé à sua vocação. Para ele, uma profunda religiosidade, como católico romano, e uma disciplinada abordagem econômica voltada à gestão já não podiam funcionar ao longo de trajetórias paralelas. Ele começou a experimentar diversas práticas de manejo que harmonizavam os valores espirituais com as exigências de produtividade. No entanto, os ideais sagrados mostravam-se difíceis de fundirem-se com a esmagadora demanda de trabalho. Enquanto a compaixão tem um lugar evidente na vida privada, ela pode parecer distante no local de trabalho, preterida em prol da pressão pela eficiência, pelos lucros em curto prazo, pela responsabilidade, competitividade, produtividade e espírito de luta em geral.

No entanto, Quimet ainda acreditava que esses dois mundos necessitavam ser harmonizados. Como na parábola do samaritano, o objeto da compaixão estava ali, no local de trabalho, diante dele: as pessoas que tinham se relacionado com ele por obra da Providência. A demanda foi de práticas de gestão específicas que fizeram da afabilidade uma parte totalmente operacional do negócio, contribuindo à sua maneira para os objetivos da empresa sem comprometer a sua produtividade. Em outras palavras, a necessidade era de operacionalizar o espiritual e as dimensões econômicas da vida empresarial. Esse se tornou o foco particular na Tomasso: Quimet estabeleceu um ano sabático para escrever *The Golden Book* [O Livro de Ouro], visando ao desenvolvimento e posterior aplicação de uma abordagem que todos na empresa chamam agora de "Our Project" [*Notre Projet, Nosso Projeto*].

Práticas específicas de gerenciamento recomendadas à gestão de toda equipe incluem o acompanhamento dos funcionários, mesmo daqueles que foram demitidos; momentos de silêncio; tempo para a contemplação; depoimentos em alto-falantes; uma sala do silêncio; conversas particulares anuais com todos os funcionários; serviços às comunidades carentes, e serviços e doações a pessoas pobres — todas essas iniciativas devem ser acompanhadas de uma reflexão sobre a experiência. Em outras palavras, as relações de trabalho têm sido reconstruídas como relações de *ágape*, e não a fim de converter a força de trabalho à fé de Quimet, mas para dar exemplos da fé como uma experiência vivida.

Como a maioria das visões que tenham uma real consequência, esse sonho não foi fácil de traduzir em realidade.

A resistência inicial veio do medo do proselitismo, bem como do constrangimento social e por não gostar de ser condescendente. Só aos poucos as práticas foram aceitas. Eventualmente, entretanto, elas não eram simplesmente aceitas, mas eram exaltadas pela força de trabalho. Ao longo dos anos têm contribuído para o desenvolvimento de uma única cultura organizacional. Essas práticas têm servido para levar valores espirituais ao local de trabalho, onde são recebidos, não como dogmas, mas como a voz natural da bondade humana. Hoje, o efeito da nova cultura corporativa é medida e atestada em trabalhos anuais e pesquisas sobre a satisfação dos clientes.

## Humildade

A humildade é a mais exigente de todas as virtudes, pois obriga-nos constantemente a olhar para nós mesmos a partir do exterior, a julgar nossas próprias ações como julgamos os outros e a reconhecer nossas falhas e fracassos. Não é surpreendente não encontrar algo equivalente na lista de virtudes de Aristóteles ou de Cícero. Mas é fundamental à visão cristã e ao caráter de Jesus. E essa é, creio, a virtude que é mais necessária a nós quando nos esforçamos para chegar a um acordo com a economia global, em que as pessoas de muitas crenças são chamadas a deixar de lado suas diferenças e a cooperarem umas com as outras, mas sem jogar fora o que é mais precioso para elas, que é a sua herança espiritual.

Millard Fuller tinha tudo: uma atraente e educada esposa, chamada Linda; dois belos filhos; a casa dos seus sonhos, e um negócio que ele havia construído para se tornar um milionário na idade de 29 anos. Mas seu negócio ocupava todo o seu tempo, ganhar dinheiro tornou-se o objetivo dominante em sua vida e seu casamento começou a sofrer. Em vez de Fuller levar seu negócio, o negócio estava levando Fuller, e cada vez para mais longe da felicidade doméstica. Sua esposa saiu de sua casa na Geórgia para visitar, em Nova York, um pastor que o casal tinha conhecido. Linda Fuller recorda que: "No momento em que Millard chegou a Nova York, era como se a morte tivesse entrado pela porta. Ele percebeu que estávamos em crise. Eu sabia que ele queria que nosso casamento desse certo, mas eu não via como isso poderia acontecer com ele trabalhando o tempo todo."

O casal caminhou pelas ruas de Nova York conversando sobre seus medos e confusões, e acabou sentado na escadaria da catedral St. Patrick. De repente, viram-se compartilhando suas esperanças para o futuro. "No táxi de volta ao hotel", recorda Linda, "nós nos sentimos como se Deus estivesse falando conosco e dizendo que deveríamos dedicar nossa vida ao trabalho cristão. Na manhã seguinte, chamamos um táxi e o motorista disse: 'Parabéns, vocês estão sentados em um táxi novinho em folha; ninguém andou nele ainda'. Sentimos que isso era um sinal de que estávamos começando uma aventura totalmente nova."

Millard e Linda venderam tudo, doaram os proventos aos pobres e partiram para levar uma vida humilde a serviço dos outros. Inicialmente, Millard trabalhou no African American college, e usou seu senso de negócios para obter dinheiro para a escola. Em seguida, foram morar em uma pequena comunidade cristã, Koinonia Farm, perto de Americus, na Geórgia. Foi ali que Millard recebeu seu chamado, sob a forma de uma ideia para um projeto habitacional direcionado a pessoas de baixa renda.

"Enquanto as pessoas estiverem construindo casas para durarem milhares de anos", ele disse, "e muitas vezes com a ajuda dos vizinhos, ninguém parece estar construindo casas como expressão do amor de Deus. Isto é demasiado grande para um grupo somente. Judeus, cristãos ou muçulmanos, gostaríamos que todos que quisessem, participassem".

A família Fuller, com seis membros, mudou-se para o Zaire para testar seu modelo de habitação em um país em desenvolvimento, e em três anos, houve um sucesso tão grande que ele decidiu propagar a sua ideia ao redor do mundo. A empresa Habitat for Humanity foi criada em 1976 e é agora uma presença global, com sede em Americus, na Georgia. O princípio é simples: se você quer uma casa, dedique 300 horas de seu próprio trabalho e nós forneceremos mão de obra e materiais gratuitos através da nossa rede de voluntários. A Habitat construiu casas em 79 países e em todos os 50 estados dos Estados Unidos. Cada construção de uma casa começa com um serviço de dedicação, e uma Bíblia é entregue junto com as chaves. O trabalho é um ato de adoração, que traz para o novo proprietário um acessório real para a sua casa como um sinal da graça de Deus no mundo. Não surpreendentemente, a Habitat for Humanity é uma das colaboradoras em prol da baixa renda mais bem-sucedidas no mundo, mas os lucros são reinvestidos na sua nova geração de beneficiários.

Millard tinha começado a sua carreira de negócios em um estado de orgulho obsessivo em suas realizações. Entretanto, o dinheiro acumulado, a felicidade e a inspiração diminuíram. O sucesso de Millard era ilusório, uma forma de estagnação que visava somente à aquisição de bens como seu objetivo diário. Mas, quando Millard começou a olhar com a devida humildade o seu próprio trabalho e talento, desejando não somente lucrar com eles, mas fazer deles uma oferta, suas energias foram lançadas em uma nova e muito mais criativa direção. Ele gostou da ajuda e do apoio de sua esposa e família, ele se sentiu capaz de jogar fora a busca pelo lucro e viver, em vez de buscar um ideal religioso; ele olhou para o mundo como uma aventura aberta e saiu ao seu encontro comprometido com as suas aptidões. E o sucesso o seguiu — o tipo de sucesso que tinha se esquivado do seu implacável e autocentrado empreendimento em tempos passados.

Millard Fuller foi guiado por sua fé cristã e pela humildade, que tem sido muitas vezes apontada como a virtude cristã por excelência: a virtude do próprio Cristo, que se humilhou perante toda a humanidade para oferecer a salvação através de uma morte humilhante. No entanto, a humildade foi premiada, também, pelos hindus, budistas, muçulmanos e judeus, pois todos reconhecem a necessidade da humanidade em se humilhar diante de Deus e de se prepararem constantemente para trocar a mundana ambição por uma vida de humildade e oração. A vida baseada na humildade moldou comunidades monásticas da Europa e da Ásia e é seguida, também, pelos místicos sufistas e pelo exilado do Tibete, Dalai Lama. Essas pessoas espirituais secretamente beneficiam o resto de nós, pois eles estão no negócio de acumular o capital espiritual de que nós dependemos em nossos tempos de necessidade. No caso de Millard Fuller, vemos como um homem pode alcançar esse capital em sua hora de desespero e descobrir uma nova vida, assim como liberar a energia criativa que iria mudar o mundo.

A humildade sempre é mais necessária quando se lida com pessoas que precisam de sua ajuda, em que a tentação é olhar para baixo sobre eles ou para a produção de ajuda sob uma forma de comandos peremptórios. Como todos os que tiveram que cuidar de pessoas frágeis ou doentes sabem, essa tentação às vezes pode ser combatida lembrando-se forçosamente da nossa própria impotência eventual. Em nenhuma outra situação é a fé um suporte mais vital, ou uma parte mais bem-vinda da rotina diária. Testemunhamos isso em três notavelmente bem-sucedidas empresas inspiradas pela fé: uma é a Sunrise Senior Living, que oferece facilidades para aqueles que vivem já no crepúsculo da vida; outra é a Providence Healthcare que oferece tratamentos médicos e hospitalares, e a última é a CNL, que se tornou uma das maiores empresas do mundo imobiliário.

A Sunrise Senior Living foi fundada há vinte anos por Paulo e Terry Klaassen, fortemente comprometida com a tradição da Igreja Cristã Reformada, e teve por objetivo fornecer aos idosos uma visão do seu próprio futuro e fazê-los acreditar que a vida existe em todas as idades, só depende do que você fizer com ela. Suas comunidades são projetadas para servir aos seus moradores, para facilitar as escolhas, reconhecer a individualidade e singularidade de cada morador e cultivar a espiritualidade. Amigos e família são envolvidos em todas as atividades, e os moradores são tratados com respeito, pois as pessoas são importantes agora e sempre serão. A virtude mais importante para o funcionamento dessas comunidades é, portanto, a humildade: a capacidade de reconhecer na pessoa frágil e dependente que está diante de você, alguém que ainda é, aos olhos de Deus, seu igual, com pontos fortes e realizações que poderiam nos deixar envergonhados. E não há dúvida de que a humildade, exposta diariamente e fortificada pela fé, tem contribuído para o sucesso da Sunrise Senior Living, que agora tem mais de 440 comunidades nos Estados Unidos, Canadá, Inglaterra e Alemanha, associadas à capacidade de mais de 52 mil residentes.

A Providence Healthcare também é regida por um espírito de humildade nos serviços. Essa empresa, instalada em Vancouver, declara-se ser inspirada pela missão de cura de Jesus, seguindo o seu exemplo dos cuidados compassivos. Ela não visa apenas curar o corpo, mas envolve o cuidado com a alma, reconhecendo que Deus lhes concedeu criatividade, amor e compaixão, que habitam dentro de cada pessoa e que podem ser suscitadas no processo de cura. A Providence promove equipes de cuidados espirituais ativos, disponíveis em todos os seus hospitais, oferecendo seu apoio aos pacientes, moradores, funcionários e famílias. Os funcionários são exortados a ser inteiramente responsáveis uns pelos outros, com os pacientes e com suas famílias. Cada hospital contém espaços de oração, uma capela ou um local de meditação, e reflexões semanais são distribuídas para os funcionários, concebidas para expressar o espírito compassivo de Jesus, embora estejam abertas à interpretação dos termos de outras fés. Mesmo sendo uma fundação católica que se baseia na obra das Irmãs de Caridade e ordens similares, a Providence oferece seus serviços a pessoas de todas as religiões e àquelas que não têm nenhuma. A meta mais importante não é o proselitismo, mas alimentar a espiritualidade através do reconhecimento da singularidade de cada paciente que está sob seus cuidados. "Viver a Missão" é o nome dado às sessões realizadas todos os verões, para que o pessoal possa renovar o seu compromisso, pois os hospitais são geridos inteiramente como se os pacientes estivessem ali para serem servidos e nunca comandados. Novamente, esse espírito de humildade tem contribuído para o sucesso da Providence, que é um dos principais cuidados de saúde prestados pela British Columbia.

A CNL é uma das maiores empresas privadas que promove investimentos imobiliários e desenvolvimento de empresas nos Estados Unidos. Fundada em 1973, a CNL realizou sua primeira parceria pública em 1985. Não é realmente uma única empresa, mas sim uma comunidade de empresas em diferentes estágios de maturidade e independência. As empresas estão envolvidas em uma série de áreas, incluindo a propriedade industrial, prédios de escritórios, fundo real de investimentos imobiliários, bens relacionados à aposentadoria, hotéis e resorts, restaurantes, locação, desenvolvimento comunitário, serviços bancários e de títulos. A CNL adere a uma filosofia de investimento conservador, valorizando a qualidade dos seus ativos sobre o número de transações. A empresa descreve os seus dois mais importantes objetivos como "a preservação do capital e a produção da renda fixa em longo prazo". Sua declarada missão é "ser a fornecedora mais confiável do desenvolvimento, consultoria e serviços imobiliários aos nossos clientes, gerando em longo prazo benefícios para os nossos acionistas".

Ao mesmo tempo, a CNL incentiva seus colaboradores a manter um equilíbrio saudável entre trabalho, família e comunidade, e a fazer a diferença nos bairros onde vivem e trabalham. Associados servem em numerosos quadros civis e sem fins lucrativos e os voluntários em organizações religiosas e sem fins lucrativos, que estão revitalizando a comunidade onde a CNL está sediada em Orlando, na Flórida. Eles chegam aos alunos através de programas de tutoria, especialmente em áreas pobres e de minorias. Anualmente, a Workplace Giving Campaign beneficia mais de uma centena de organizações sem fins lucrativos, com fundos complementares injetados pela empresa.

O presidente e CEO James Seneff personifica o espírito da empresa que ele e seus colegas criaram. Ele tem um forte compromisso cristão, cujos matizes espirituais estão presentes em tudo o que faz, na forma da sua missão e nos valores da sua empresa. Em suma, esses valores são: "O respeito pela dignidade de cada indivíduo. Legítima honra. Valorizar nossa tradição de servir. Defender uma perspectiva em longo prazo. Desenvolver pessoas e promover o trabalho em equipe. Incentivar uma mordomia fiel." Esses valores, embora comuns a todas as pessoas, estão implícitos em uma tradição judaico-cristã. Como um negócio, a CNL estabeleceu princípios que norteiam a organização de seus movimentos operacionais e estratégicas, incluindo um foco nos mercados atendidos e descapitalizados, a proteção de quem está em desvantagem, o princípio 80/20, de natureza oposicionista, investigação antes do investimento, implica uma crença de que as relações vão além das operações, colocando a qualidade acima da quantidade.

## Gratidão nos negócios

Para muitas pessoas, a gratidão sugere uma falta de poder: se eu sou grato por alguma coisa, é porque ela foi dada a mim e, nessa medida, eu sou dependente do doador. Por isso, a gratidão não faz parte da personalidade de um negócio, segundo a concepção dos nietzschianos e randianos. Permanecer sobre seus próprios pés significa "não estar em dívida com ninguém".

Mas devemos ter gratidão em todos os contextos da vida e nos perguntar como é que a vida mudou e fomos fortalecidos por ela. Isso certamente não ocorre com pessoas que, depois de receber presentes, se ressentem com o doador por ser alguém mais poderoso do que elas. Logo, como o Sr. Boffin afirma em *Our Mutual Friend* [*Nosso Amigo em Comum*], eles começam a exigir seus benefícios habituais como se fossem um "direito", e queixam-se de injustiça sempre que esses benefícios são retidos. Vimos isso ocorrer abundantemente com a ascensão dos benefícios previdenciários e as crescentes exigências feitas a ele por pessoas que se tornaram dependentes de seus proveitos. Nisso vemos um presente sem gratidão e um presente sem o espírito de doação.

Mas isso é um exemplo anormal — na verdade perversivo — de um presente. No caso normal, a resposta a um presente não é o ressentimento, mas a gratidão, pela qual se pretende "exteriorizar" a satisfação pelo doador, uma oferta recíproca de si e da sua profunda boa vontade. Nós não somos humilhados com a gratidão, mas criamos por ela uma condição de igualdade com o doador. Estamos dizendo a quem nos dá um presente: "eu também iria lhe presentear, se eu pudesse, entretanto ofereço a você o que eu posso". No contexto dos negócios, tal atitude, longe de exibir a fraqueza, é uma fonte de força: ela promove uma abordagem aberta e honesta aos outros — aliados ou concorrentes — e impregna o funcionamento diário de uma empresa com uma leveza e alegria que ajudam a expandir o potencial da força de trabalho.

Cabe-nos salientar o exemplo de Truett Cathy, CEO da Chick-fil-A, a cadeia de restaurantes que Cathy fundou em 1967, tendo iniciado o seu próprio restaurante em 1946, com quatro mil dólares de suas economias e com um empréstimo de seis mil dólares. Truett Cathy permaneceu fiel à tradição dos Batistas do Sul dos Estados Unidos, na qual foi criado, e sua declaração de propósitos da empresa reflete essa fé: "Para glorificar a Deus sendo um mordomo fiel em tudo o que nos for confiado. Para ter uma influência positiva sobre todos os que entram em contato com Chick-fil-A". Cathy construiu um negócio de bilhões de dólares que agora tem 1.200 restaurantes em um mercado ferozmente competitivo. No entanto, ele alcançou isso fazendo algo que, aos olhos da competição, equivale a amarrar as mãos atrás das costas: ele insiste para que todos os seus restaurantes fiquem fechados aos domingos, de modo a perder 15% da venda semanal, justamente no dia em que os pais estão mais dispostos a levar as crianças para uma refeição. Sua motivação não é apenas a fé, embora ele siga rigorosamente o imperativo bíblico de guardar o dia de descanso semanal. Seu motivo é a gratidão — a necessidade de devolver a Deus uma parte de sua vida, em reconhecimento às bênçãos que ele recebeu.

Como seu negócio cresceu, Cathy tornou-se muito mais interessado na necessidade de retribuir. Ele incentivou os seus gerentes de filiais a apoiar as suas escolas locais e instituiu um programa para conceder bolsas de estudo aos seus empregados; consta que ele pagou 20 milhões de dólares por esse programa. E através de seu trabalho, ao longo da sua vida como professor da escola dominical, Cathy tornou-se cada vez mais preocupado com a necessidade de ajudar crianças e adolescentes a se desenvolverem como cidadãos corretos e responsáveis. Ele estabeleceu e financiou quatorze lares adotivos para crianças — as casas WinShape — juntamente com outros projetos WinShape, tais como acampamentos, retiros e um relacionamento contínuo com o Berry College, a fim de dar aos jovens o apoio e a orientação de que eles precisam. Em seu livro *It's Better to Build Boys Than Mend Men* [É Melhor Construir Jovens do que Consertar Adultos], Cathy explica sua filosofia, argumentando que incutir bons hábitos nos jovens é o nosso dever, e também algo que podemos facilmente alcançar através do amor e do exemplo.

Alguns podem julgar Cathy como um produto ingênuo do sul dos Estados Unidos e do seu Cinturão Bíblico, com uma filosofia que só faz sentido em circunstâncias peculiares existentes lá. Na verdade, o seu trabalho educacional revela um grande apreço ao papel da virtude que nos permite não apenas gerir a nossa própria vida, mas também manter relacionamentos criativos com os outros. Aristóteles defendeu que "entramos no palácio da razão através do pátio do hábito" — em outras palavras, a virtude é adquirida pelo hábito, e o hábito deve ser incutido na juventude. A virtude da gratidão, como demonstra Cathy, é aquela que foi incutida nele durante a infância e que esteve com ele durante toda a sua vida. E seus planos de retribuir o que recebeu são considerados da mesma maneira — não como explosões arbitrárias de generosidade, mas como formas de proporcionar apoio sistemático aos hábitos virtuosos dos jovens que irão continuar a honrar a Deus em suas próprias vidas, assim como ele fez na sua.

O que tem essa virtude a ver com sucesso nos negócios? Negócios rivais de Cathy se alegram com o seu hábito que lhes deu um dia a cada semana sem a sua concorrência, mas, mesmo assim, o seu negócio prospera e cresce. A razão é seguramente óbvia. Chick-fil-A é uma empresa com um distintivo *ethos*; seus colaboradores assimilam esse *ethos* e encontram a sua energia e compromisso intensificados por ele. Dito de outra maneira, a gratidão permeia a empresa e muda o comportamento geral da sua empresa. Não importa se a empresa descansa por um dia, enquanto seus rivais de trabalho não, pois quando ela retorna a trabalhar é com um espírito ansioso que contagia os trabalhadores nos restaurantes e os clientes a quem eles servem.

Tom Cousins fundou e durante muitas décadas gerenciou uma empresa imobiliária cujo desenvolvimento ajudou a reconstruir cidades, mais particularmente Atlanta. Seus muitos projetos famosos incluem marcos como o CNN Center, o Coliseu Omni, Peachtree Tower, a BOA Plaza, a Pinnacle Building, o Georgia World Congress Center e dezenas de outros. Ele literalmente reconstruiu Atlanta entre 1970 e 1980. O general Sherman não a reconheceria mais!

Mais recentemente, Cousins ajudou a reanimar e revitalizar o East Lake Golf Club, casa do lendário jogador de golfe Bobby Jones. Ele contratou o conhecido arquiteto de golfe, Rees Jones, para redesenhar o desgastado percurso. Hoje, ele abriga a final da temporada do Campeonato PGA, com o maior prêmio de todos os campeonatos de golfe. Mas o clube de golfe era apenas parte de algo bem maior — alguns diriam vasto — a revitalização de todo o bairro de East Lake, que era conhecido como um dos lugares mais oprimidos da cidade. Hoje está quase completamente transformado.

A Cousins Properties, companhia de Tom, é uma das líderes da diversificada nação de empresas em desenvolvimento. Sua missão, como na maioria das empresas, é maximizar o valor para os acionistas. Desde 1987, tem um desempenho admirável como uma empresa que inspira confiança no ramo de investimento imobiliário (REIT – Real Estate Investment Trust [Fundos de Investimento Imobiliário]). Fundada originalmente em 1958, a empresa tem uma sólida reputação em desenvolvimento criativo e em liderança dentro da indústria. Por todo o país, em edifícios com escritórios, edifícios de desenvolvimento misto, centros comerciais, comunidades com centros comerciais e residenciais, a Cousins alcançou um patamar superior em relação às outras empresas.

Por quê? É preciso ter tino comercial e sucesso para construir mais de 20 milhões de metros quadrados de espaço para escritórios, mais de doze milhões de metros quadrados de espaço para varejistas, e subdivisões unifamiliares, cerca de 30. O que impulsiona Cousins é a cosmovisão presbiteriana que direciona a sua tomada de decisão. Esse colorido está em quase tudo que ele faz: a partir de hábitos de trabalho eficientes com uma altruísta generosidade, e de investir na criação de subsídios para aqueles menos afortunados. Cousins articulou uma base sólida de virtude para o comportamento pessoal e empresarial. Ele levou a sério o mandamento bíblico de construir e manter, ele acredita que ser bom está em você mesmo, ou seja, o que você faz, retorna para você. Uma vida moral, em longo prazo, é apenas o resultado maior da felicidade. Ele também acredita que o mal e o pecado são um veneno à alma.

Para Cousins, a fé, quando levada a sério, conduz à utilização do comportamento altruísta. A regra de ouro afirma uma identidade entre ele e todos os outros, ele argumenta, esta identidade faz dele o guardião de seu irmão. Na fraternidade da vida, um negócio, *em última análise*, só pode funcionar bem para você, se proporcionar o bem para todos. Esse princípio está incorporado na fundação de caridade da Cousins, que distribui subsídios aos grupos necessitados para tratar de uma série de problemas prementes. Ao mesmo tempo, um compromisso com os princípios do mercado é, segundo Cousins, uma expressão profunda de fé na vontade de Deus. As leis da natureza e as leis do comércio são, ambas, partes da lei divina, afinal. Por mais que este relato pareça, aqui, um pouco enfadonho, ele traz verdadeiros testemunhos vivos de negócios pautados na fé.

O rápido crescimento da eHarmony é resultado de uma união orientada entre estabelecimentos empresariais ligados por parcerias. A empresa baseada na Web foi fundada em 2000 pelo Dr. Neil Clark Warren e seu genro, um legítimo empreendedor comercial que atuou como CEO, com 3 milhões de dólares, de Fayez Sarofim, e uma série de investidores angelicais. Dr. Warren, um conhecido cristão evangélico, com fortes ligações com a comunidade cristã conservadora, inicialmente promoveu o seu negócio através do programa de rádio Focus on the Family, de James Dobson. Mais recentemente, a empresa se distanciou dessa abordagem a fim de se ajustar às solicitações do mercado. Nos últimos anos, a eHarmony tem recebido grande apoio de capital de risco de duas empresas da Costa Oeste, a Sequoia Capital e a Technology Crossover Ventures. Um processo de *branding* e marketing foi financiado por 110 milhões de dólares, o que proporcionou uma maciça publicidade na televisão, bem como na Internet.

A eHarmony é voltada àqueles que procuram um relacionamento duradouro, estimativa de mais de 20% daqueles que usam sites de relacionamento. O objetivo explícito da empresa é ajudar a reduzir as taxas de divórcio nos Estados Unidos, com base em sua pesquisa sobre casamentos bem-sucedidos e o cuidadoso processo de correspondência estabelecido. Para ser usuário da eHarmony é necessário preencher um extenso questionário sobre a sua personalidade e seus valores. Seus usuários não têm permissão para navegar através de um catálogo de perfis para escolher parceiros potenciais para si mesmos, em vez disso os possíveis pares são entregues a eles com base no grau de compatibilidade comprovados em seus perfis.

Os serviços oferecidos pela eHarmony são consistentes com os valores sociais do Cristianismo; por exemplo, ela não oferece serviços matrimoniais àqueles que procuram parceiros do mesmo sexo. Entre os usuários, 72% pertencem a um grupo religioso e 21% se definem como espirituais, e a esmagadora maioria é de cristãos. A empresa está pautada em valores espirituais e está vinculada à tradição cristã, mas também emprega tecnologia moderna e estudos científicos.

A eHarmony atualmente faz parte da relação de serviços matrimoniais pagos da Internet cuja qualidade é medida pelo número de casamentos realizados por correspondência. Além disso, ao utilizar filtragens em jornais e publicações profissionais, a eHarmony tem feito comparações controladas do grupo, mostrando que mais de 90% dos casais da eHarmony têm uma maior possibilidade de realizar um casamento de qualidade, em relação à média, do que aqueles que iniciaram as relações em outros lugares. Eles têm duas vezes mais probabilidades de ter casamentos felizes. Com mais de oito milhões de usuários e cerca de seis mil casamentos realizados, a eHarmony tem um modelo de negócio impressionante.

Neste capítulo, consideramos quatro das virtudes suaves, que para muitas pessoas parecem contrárias a um negócio, e eu tentei mostrar, tanto através de argumentos abstratos, como de exemplos concretos, como elas contribuem para o sucesso de um negócio. Existem outras virtudes suaves que eu poderia ter citado — a mansidão, por exemplo — mas esse ponto já deve estar claro agora. Essas virtudes não são adquiridas porque as pessoas veem suas potencialidades empresariais. Elas são provenientes de outra fonte, fazendo parte do capital espiritual que é facilmente adquirido por quem tem uma vida de fé.

CAPÍTULO 6

# O capital espiritual em uma era cética

O frio, a mudança, talvez os mortos de novo, o lamento,
o amado, a perda — muitos, mas como poucos.

— Lord Byron

Neste capítulo, abordarei três objeções céticas ao argumento deste livro. Estas objeções não são prejudiciais; pelo contrário, ao abordá-las serei capaz de traçar um caminho mais claro para a minha conclusão de reflexões sobre o papel do empreendedorismo espiritual na emergente economia global.

As três objeções podem ser assim enunciadas:

1. *A partir do cinismo. Então você vincula fé a um benefício econômico? Nesse caso, onde Deus está localizado? O que acontece ao dever, à obediência e à devoção às coisas do espírito para*

*seu próprio bem? Você não está meramente operacionalizando a religião, tornando-a uma atividade econômica rentável, como, por exemplo, ter boas ligações com a máfia?*

2. *A partir do Cristianismo. Cristo não nos diz que é mais fácil um camelo passar pelo buraco de uma agulha do que um homem rico entrar no reino dos céus? Não tem a nossa tradição religiosa colocado sua ênfase precisamente sobre o afastamento do sucesso mundano, a adoção do modo de vida ascético, a renúncia de todos os benefícios materiais, a vida de pobreza e oração? Quem poderia negar que a maior reserva do capital espiritual está contida nos mosteiros e em tudo o que fluiu deles? (Pense em Tomás de Aquino, São Francisco, Santa Teresa, Hildegard de Bingen, e milhares de outros que têm mantido a religiosidade segura das corrupções do mundo.)*
3. *A partir do pragmatismo. Vivemos numa época cada vez mais imediatista, e a economia global está nos empurrando em direção a uma visão secular das coisas, e esforçamo-nos para conciliar as reivindicações dos concorrentes das fés rivais. A fé deve ser esquecida nas empresas, e outras coisas — uma ideologia, por exemplo — devem ser colocadas em seus devidos lugares. Então, o que acontece com o que você tem chamado de capital espiritual? Está perdido para sempre ou ele se transformará em outra espécie de capital?*

Cada uma dessas objeções forma uma família de acusações, apontando para lugares bem conhecidos no psiquismo, onde a tensão entre os negócios e a boa vida vem à tona. Diferentes pessoas irão expressar suas preocupações de diferentes maneiras. Por exemplo, o muçulmano não enfatiza o modo de vida ascético como um ideal, no entanto experimenta o mesmo tipo de tensão entre a sua fé e as modernas formas de negócio, assim como o cristão. Um moderno negócio bancário e de investimento, em busca do crescimento global, e toda economia de crédito parecem violar a injunção contra o *ribá,* o aumento de juros, contida no Alcorão. Para os muçulmanos, também pode parecer forçar as coisas, pode-se dizer, alinhar um negócio rentável tão estreitamente com um modo de vida religioso. Por isso há muito trabalho a ser feito se os meus leitores precisam ser convencidos de que eu realmente toquei em um aspecto negligenciado da economia global emergente.

## Respondendo ao cínico

Muitas coisas que buscamos como fins também são meios para atingirmos outros objetivos. Considere a amizade: a pessoa com amigos tem ajuda quando necessita, o consolo na hora do desespero, a alegria e o companheirismo. Em tudo o que tenta, ele é melhor do que a pessoa sem amigos, e todos os seus encargos são suportados de forma mais leve. Mas isso não significa que ele valorize seu amigo apenas como um meio para atingir o seu próprio objetivo egoísta. Pelo contrário, ele valoriza seu amigo pela pessoa especial que ele é, sem pensar no benefício que ele proporciona. O benefício é real, mas surge "por uma mão invisível", de ações com outras intenções.

Além disso, a pessoa que trata o outro como um meio para atingir seus próprios objetivos, mesmo que com delicadeza e com escrúpulos, não está tratando o outro como um amigo. E se você não tratar alguém como um amigo, ele deixará de sê-lo. A partir disso podemos tirar uma conclusão surpreendente: amigos são úteis, desde que você não faça uso deles! Tratar alguém como um amigo, valorizá-lo pelo que ele é, fará com que ele retribua a sua amizade mil vezes. Trate-o como algo útil, entretanto, e, em breve, ele deixará de sê-lo.

Na amizade, portanto, vemos a forma como as pessoas constroem um bem de capital visando a algo completamente diferente de um capital ativo. O capital se acumula justamente *porque* não é pensado como tal. Isto também acontece com o que dá origem à virtude — e isto é o cerne de uma visão antiga, ou seja, a virtude e a amizade estão interligadas, e só os virtuosos têm amigos de verdade (em oposição aos companheiros e cúmplices). A coragem, como já afirmei anteriormente, é incontestavelmente útil. É a característica que põe seus objetivos ao seu alcance e por isso o ajuda a alcançá-los. Mas não é esse o motivo da coragem. A pessoa corajosa não é apenas motivada pelo que ela quer: o covarde também tem esse motivo. A pessoa corajosa é motivada de outra maneira. Ela vê a sua ação a partir do exterior, como um outro a veria. E ela se orgulha de agir como age, ela sente que o seu dever, a sua honra, e sua posição no mundo a obriga a assumir o risco. E é precisamente por isso que ela entende que a sua ação precisa ser a mais correta, independentemente das consequências ou do que obtenha por recompensa.

Desta forma, creio eu, devemos responder ao movimento cínico. Os exemplos que eu tenho dado, sinceramente, preocupam as pessoas religiosas cuja fé ajudou em seus negócios e que foram recompensadas por suas virtudes. Esta não é a justificativa para a sua fé, nem foi a sua motivação. Pelo contrário, é precisamente porque a fé as motiva a ter outros e melhores objetivos, transformando suas mentes, mantendo-as afastadas do pensamento de lucro, que elas têm sido capazes de suscitar, em si mesmas e nas outras pessoas, a reserva de capital espiritual que trouxe lucro como um dos seus primeiros efeitos.

É na incapacidade de compreender esse ponto que está a raiz da ala esquerda do capitalismo e da economia de mercado. A economia neoclássica continua supondo que as empresas se esforçam para maximizar o lucro e que o mercado é um sistema em que as empresas individuais, cada qual atuando para maximizar o seu lucro, coordena as suas ações e atinge um equilíbrio. Mas a economia neoclássica não examina, uma vez que não pode, as motivações reais das pessoas que compõem essas empresas, ou a maneira exata em que o lucro surge dentro delas. Para os críticos do capitalismo, portanto, parecia que todo o sistema foi construído a partir do autointeresse cruel, e que se alguém parou por um momento de considerar o sofrimento dos outros, era apenas para estudar como fazer o uso eficiente deles.

Se olharmos para trás, para o fundador da economia clássica, porém, encontraremos outra imagem. A imagem de Adam Smith sobre a concorrência no mercado foi concebida como um complemento à sua descrição detalhada da motivação humana em *The Theory of Moral Sentiments* [A Teoria dos Sentimentos Morais], em que a busca do lucro é atenuada em cada momento pela simpatia e benevolência, e pela postura do "espectador imparcial" que nos é imposta pela nossa natureza moral. Os motivos humanos nunca são simples, reconheceu Smith. O que a partir de uma perspectiva profissional pode ser lucrativo, sob outra perspectiva igualmente válida, pode ser um gesto de benevolência. Muitas vezes, atingimos os nossos objetivos por ignorá-los, e as mais rentáveis das nossas ações podem ser aquelas em que viramos as costas ao lucro e agimos em prol da honra, da bondade ou da compaixão. Tentei mostrar isso no último capítulo, e é o tipo de consideração que deveria levar-nos a rejeitar a caricatura do capitalismo, que os críticos gostam de recordar. A propriedade privada, a iniciativa privada, o risco privado e o lucro privado são todos, de fato, atributos essenciais do sistema capitalista. Mas são economicamente eficazes apenas contra um fundo de normas, valores e heranças do capital humano, social e espiritual que lhes permite evocar as nossas energias.

## Respondendo ao cristão

Este livro evidentemente foi escrito a partir de uma perspectiva cristã, embora reconheça que o dom da fé tenha sido concedido de outras formas e através de outros canais. Estou muito consciente da tradição mística presente no Cristianismo e da injunção do próprio Cristo: "Não acumulem para vocês tesouros na terra, onde a traça e a ferrugem destroem, e onde os ladrões arrombam e furtam. Mas acumulem para vocês tesouros no céu" (Mateus 6:19,20, NVI). Essa injunção tem o seu equivalente em outras religiões — no caminho budista da autonegação, assim como no sufismo muçulmano e nas chassídicas e talmúdicas tradições judaicas. Mas ela é sentida mais intensamente pelos cristãos, pois é dirigida diretamente a eles como um comando pessoal. Da mesma forma, a assustadora declaração de que é mais fácil um camelo passar pelo buraco de uma agulha que um rico entrar no reino dos céus é capaz de induzir pensamentos em um cristão quando se trata de endossar a busca pela riqueza.

Mas esse, eu acho, é o ponto. Este livro não trata sobre a *busca* da riqueza, mas sobre a *obtenção* dela. É sobre a busca e a valorização de outras coisas, e sobre a riqueza como seu subproduto mundano — um subproduto a ser utilizado para expressar a sua gratidão e para fazer o bem aqui na terra. A imagem de Cristo do camelo e do buraco da agulha nos lembra de que para entrar no reino dos céus devemos morrer, e quando morremos deixamos nossas riquezas para trás. A imagem, tão assustadora no início, é de fato uma lembrança de uma verdade que nós todos devemos ter em mente: o local para a riqueza está aqui na terra, e é como a utilizamos que importa aos olhos de Deus.

Da mesma forma, a injunção sobre não acumular tesouros na terra pode ser interpretada com base no espírito deste livro. Cristo ataca a obsessão ao lucro e à acumulação de bens, uma obsessão que obscurece o fato de que nossos principais tesouros estão dentro de nós mesmos, pois eles são as virtudes pelas quais nós ganhamos o nosso lugar entre os nossos companheiro e também nosso lugar no futuro. Então, desde que exercitemos essas qualidades morais, certamente poderemos desfrutar de seus frutos. E se a riqueza é um dos frutos, então também poderá ser apreciada — desfrutarcmos dela desde que estejamos no caminho certo, e não devemos acumulá-la de forma miserável ou valorizá-la além da sua utilidade como meio de ação generosa, mas devemos mostrar a nossa gratidão reconhecendo-a como um dom.

O argumento deste livro tem enfatizado a maneira pela qual a realização humana surge e depende de recursos que não são mencionados no inventário padrão de bens materiais. Estes recursos se acumulam em lugares surpreendentes, e em nossa tradição cristã nenhum lugar foi mais importante do que os mosteiros neste fornecimento — através da disciplina de oração, estudo e devoção — a imagem do amor de Deus e de sua presença redentora. E em torno dessa imagem, nosso capital espiritual tem sido acumulado. Meu objetivo, ao longo do livro, tem sido o de enfatizar que a riqueza material não é o único ou o principal meio para a criação de riqueza; se fosse, então o processo de criação da riqueza nunca poderia começar. A entrada principal é a liberdade humana e a junção de confiança, fé e esperança que permite às pessoas trabalharem em conjunto para produzir o que elas precisam coletivamente. O convite cristão para uma vida mais elevada, uma vida de abnegação, segundo minha opinião, é uma parte funcional do empreendedorismo. É um convite que pode ser entendido sob vários aspectos, uma vez que vemos o que realmente significa — que o nosso destino não está aqui na terra e que o nosso tempo na terra é um tempo de peregrinação. A fé, como tenho argumentado, pode ser nutrida na empresa, sem poluir sua límpida fonte, e ela traz consigo as qualidades de caráter que proporcionam sucesso nos negócios, assim como promove o sucesso em todas as outras esferas.

## Respondendo ao pragmático

É verdade, evidentemente, como nos lembra o pragmático, que vivemos em uma época laica. Há uma abundância de negócios bem-sucedidos executados por pessoas sem fé religiosa e, em qualquer caso, há muitas religiões na economia mundial e o sucesso não é monopólio de nenhuma delas. Por que, nessas circunstâncias, destacamos o fator espiritual para o sucesso econômico, quando tantos outros fatores parecem ser tão ou mais importantes?

Em resposta, devemos tomar nota de dois fatos importantes. Primeiro, uma empresa pode ser alimentada por um investimento feito há gerações, embora a sua atual liderança nunca tenha sido capaz de fazer esse investimento para si mesma. Quando Robert Wood Johnson fundou a Johnson & Johnson em 1886, ele dedicou a empresa à causa da saúde humana, que estabelece a obrigação de que iria colocar em primeiro lugar o cliente e o acionista em último, tudo regido pela justiça e pela graça de Deus. Quando seu filho organizou, explicitamente, o programa da empresa, em 1943, foi através de um conjunto ordenado de proposições, mais uma vez colocando os acionistas no fundo da lista das pessoas com as quais assumiram responsabilidade, e invocando a ajuda de Deus ao término. Esse programa, que é constantemente reproduzido nas escolas de negócios, é marcado pelo otimismo americano, pelo espírito público americado, e — sobretudo — pela piedade americana, que elimina qualquer dúvida de que tal programa possa suscitar no espírito dos investidores e dos trabalhadores. Ao longo das décadas do pós-guerra, o recurso da graça de Deus pode ter ressoado cada vez menos na liderança da Johnson & Johnson. Mas isso ajudou a incutir na instituição a atitude de experimentação e obrigação social pelas quais a empresa é conhecida — a atitude resumida em R. W. Johnson Jr. traz a afirmação muito repetida de que "o fracasso é o nosso produto mais importante". A verdade contida nessa afirmação é precisamente o que explica o fato de que a Johnson & Johnson nunca teve um prejuízo em toda a sua história de 120 anos. Em outras palavras, uma empresa pode estar vivendo no capital espiritual, mesmo quando a sua atual liderança não vislumbra a sua vida ou os seus negócios em termos espirituais. Visto que as empresas são as pessoas, com as suas almas, elas são o que são hoje em razão do que foram no passado.

Essa herança espiritual obteve muito destaque no final dos anos 80, quando sete pessoas morreram em Chicago após tomar Tylenol (produto mais popular da Johnson & Johnson) que tinha sido contaminado com cianureto. Imediatamente os executivos da Johnson & Johnson retiraram todo Tylenol do mercado e convocaram duas mil e quinhentas pessoas para, em um esforço conjunto, alertar o público, apesar do fato de que os casos relatados estavam confinados à área de Chicago, fato que tornava evidente o local da adulteração. A vontade de fazer o que é certo, independentemente do custo (o valor de custo, nesse caso, foi de 100 milhões de dólares), é o legado do investimento espiritual realizado há mais de um século. E isso contribuiu para a restauração da confiança pública que permitiu a Johnson & Johnson rapidamente restabelecer a sua posição no mercado.

Mas há um segundo fato que devemos tratar previamente, que é como o capital espiritual pode existir mesmo em épocas em que já não é reconhecido como tal. Um exemplo claro disso é fornecido pela China moderna. Durante séculos, a sociedade chinesa foi construída com base nos valores confucianos, reconhecendo a piedade, a obediência e o respeito como virtudes primárias e mantendo uma vasta rede de comunicações e de relações econômicas com base em um senso comum do que poderia e não poderia ser feito. O confucionismo foi abolido por Mao, que decidiu destruir a cultura chinesa e menosprezar todas as devoções, a fim de garantir o controle absoluto e tirânico sobre o país. Ele arruinou a economia, assassinou milhões de pessoas e disseminou, sempre que podia, as sementes do ódio e da desconfiança. No entanto, o capital espiritual investido por Confúcio e seus seguidores continuou a dar frutos entre as comunidades chinesas que longe da costa escaparam do jugo comunista; também permaneceu presente nas almas do povo chinês e já começou a dar frutos na China continental e, também como recurso, deixou de ser explorado durante 60 anos e agora é mais uma vez explorado.

Não devemos pensar, contudo, que o capital espiritual simplesmente desaparece quando a sociedade está secularizada e compete com as crenças. Ele está presente nas instituições, nas leis, nos hábitos, nas mentes e nos corações das pessoas, mesmo quando elas não reconhecem a sua proveniência e mesmo quando somos céticos em relação às afirmações religiosas. O que distingue o empreendedorismo espiritual de outros tipos de empreendedorismo é a sua decisão consciente de fazer uso desse capital, colocando a glória de Deus na agenda de negócios. É uma conjectura plausível que o empreendedorismo espiritual renova o capital espiritual; outros tipos apenas o exploram. Mas a sua presença faz uma diferença significativa em um negócio, mesmo entre aqueles que não sabem que ele existe.

Exemplo disso nos é fornecido pelo Walmart, atualmente a maior empresa do mundo, e provavelmente a maior história de sucesso empresarial dos tempos modernos. Naturalmente, o Walmart é muito controverso — qualquer coisa que tenha essa dimensão é obrigado a ser. Mas é justamente porque é controverso que concentra as atenções na tensão existente em valores seculares e que o pensamento secular não é competente para resolver. O Walmart herdou de seu fundador, Sam Walton, uma ética de serviço: fornecer o que as pessoas queriam, da maneira que quisessem, a um preço que pudessem pagar. Todos os outros efeitos deviam ser subordinados a este, que deveria ter continuidade com um espírito de retidão ética. Os funcionários (há hoje cerca de 1,5 milhão em todo o mundo) são treinados para ver o seu trabalho sendo justificado não só pela rentabilidade, mas, principalmente, pela afabilidade intrínseca de proporcionar o que as pessoas querem a um preço acessível. E essa abordagem ética tem sido enfatizada por Don Soderquist, o antigo vice-presidente sênior, que ao se aposentador criou sua própria escola de ética nos negócios, com vistas à propagação da ideia de o negócio ser um empreendimento ético.

Mas o Walmart tem sido apontado por ambientalistas, Novos Urbanistas, e pelos esquerdistas como inimigo público, por causa da decadência social e da destruição ambiental causada onde ele se estabelece. A acusação é que o Walmart, tirando proveito dos aluguéis mais baratos e das cômodas restrições de zoneamento na periferia de uma cidade, pode facilmente prejudicar as lojas do centro dessa cidade a que serviram para manter esse centro vivo ao longo dos anos, e que o Walmart, deixando essas lojas fora do negócio, destrói a cidade, aumenta a dependência em relação ao transporte motorizado, cultiva uma "cidade periférica" e faz sua própria contribuição para a localidade disforme onde será despejado.

As acusações podem ser exageradas, mas focam uma tensão real existente em valores seculares — entre a ética do serviço, que nos diz para oferecer aos outros o que eles querem, e a ética da comunidade, que nos diz para criar o tipo de ambiente no qual as pessoas podem conviver e estabelecer relações de interesse mútuo e dependência através da atmosfera de um comum acordo. Esta tensão contamina a economia de mercado em todos os níveis de uma sociedade secular, e é responsável por algumas das críticas disparadas contra o capitalismo pelos esquerdistas. O capitalismo é constantemente descrito pela esquerda como o solvente da comunidade, a força anárquica que sopra como uma tempestade em todas as formas de erradicação dos assentamentos humanos, desordenando e tornando as pessoas estranhas umas com as outras, colocando-as à procura dos consumidores antes do afeto comum. E os esquerdistas radicais não são suscetíveis de serem acalmados pela "cultura de massa", como muitos têm descrito, e o próprio Walmart pode trazer à mente, quando evidenciado por uma luz hostil, os rituais entorpecedores do *Admirável Mundo Novo* de Huxley. Ao chamar esse negócio de ético, o esquerdista vai dizer que isso é confundir a real ordem moral com a degradação barata. A essa acusação outras podem ser adicionadas: particularmente, as fortes advertências contra a urbanização dos subúrbios e à expansão insustentável, fortemente expressa por urbanistas, e as advertências, igualmente fortes, contra a perda de capital social que lhes sucedem, da mesma forma que a interminável solidão dos subúrbios se instalou como uma névoa sobre a alma americana.

Podemos esclarecer o argumento, sugerindo que os valores são de dois tipos radicalmente diferentes: individuais e compartilhados. O valor compartilhado é algo que é bom para um grupo de pessoas e não apenas bom para cada membro do grupo, e parte do ser bom consiste no entendimento do que é realizado em comum. Os bens da comunidade são assim: uma coisa a que damos valor próprio e que os outros também valorizam. Trata-se da forma com que valorizamos a nossa estrutura urbana, nossos parques, nossas festas e os outros tipos de ocupação humana. E esses valores estão em tensão com os valores individuais, representados pela lista de compras de cada pessoa. Ao auxiliar principalmente a estes últimos, uma empresa como a Walmart compromete os anteriores, e esta é a explicação para a hostilidade com que é tantas vezes saudada.

A tensão apenas aflorou e pode ser observada em todos os aspectos da vida moderna americana e também da europeia. Pessoas anseiam para que as comunidades sejam seguras por um relacionamento duradouro, e por ambientes seguros e acolhedores — valores compartilhados no sentido mais amplo. O movimento socialista nos Estados Unidos surgiu a partir da percepção de que a antiga solução socialista para este paradoxo — que é o controle estatal da economia — é apenas outra maneira de perpetuá-lo. No entanto, os socialistas desejam resolver esse paradoxo em favor da sociedade secular, encontrando uma maneira na qual as pessoas possam concordar em limitar seus desejos, com base no interesse do que elas acham que deva ser uma verdadeira comunidade.

Bem, existe uma maneira. Mas não é a maneira empregada pela sociedade secular. É o caminho da fé. O Walmart é o exemplo perfeito de ética desassociada da fé, e foi comparado com as empresas que, verdadeiramente, têm como base a fé, como a Chick-fil-A, que colocou a comunidade local e suas necessidades no centro do seu pensamento e abriu espaço para a renovação do capital espiritual. A Chick-fil-A não está no negócio de desarraigar a comunidade da cidade ou interferir com o ritmo do qual ela depende. Sua atitude em relação ao trabalho aos domingos exemplifica o seu respeito pelas necessidades religiosas das comunidades autênticas e oferece às pessoas o que elas querem, enquanto, gentilmente, insiste que a adoração é superior, na ordem do planejamento das coisas, aos sanduíches. A comunidade estabelecida é a natural forma de comércio *spin-off*, ou de derivação, utilizado pela Chick-fil-A, e é uma das razões pela qual não atrai a ira, que muitas vezes é dirigida a Walmart.

No entanto, embora Chick-fil-A esteja no negócio de renovar o capital espiritual, também está, assim como o Walmart, no negócio da exploração desse capital. A própria capacidade de Don Soderquist para apresentar à Walmart uma ideologia que integre uma ideia ética e mobilize os funcionários e os clientes em apoio a essa ideia, depende também de um legado espiritual, que enfatize a nobreza essencial da liberdade humana e os desejos humanos. Isto porque os americanos acreditam no destino maior do ser humano, todavia descrito, de que eles podem acreditar na qualidade redentora de uma empresa que visa dar às pessoas o que elas querem. Ela é reconhecida como uma empresa que ajuda as pessoas a crescer e a se desenvolver, promovendo sua liberdade, aumentando o controle que têm sobre suas próprias vidas. E a origem de todas essas ideias reside na herança religiosa que secretamente cultivam.

Há outra e mais sutil forma de responder ao pragmático. No capítulo 3, discuti dois casos — Elcoteq e Van Ede —

das empresas que, embora abstendo-se de qualquer compromisso definitivo com a comunidade de fé, não obstante introduziram um componente espiritual em suas práticas de trabalho. Essas empresas estão tentando criar um espaço, por assim dizer, em que a fé de seus funcionários possa crescer. E essa fé pode variar de funcionário para funcionário, e certamente irá variar em uma época secular como a nossa. Conforme a *Spirit at Work* [Espírito do Trabalho] tem demonstrado, esta forma de empresa espiritual é mais comum do que se costuma imaginar. E é particularmente adequada para as empresas que são multinacionais ou que estão localizadas em países como a Índia, em que diversas tradições espirituais coexistem.

Um exemplo desse novo tipo de empresa espiritual é a Aarti Internacional Ltda. O grupo Aarti é uma empresa de fiação de algodão, que começou em 1977, com um pequeno moinho de rolamento na Índia. Os valores fundamentais da Aarti provêm da tradição espiritual hindu, que nos leva a aceitar as pessoas como elas são e a viver o presente, ligando--nos aos outros pelas relações de amor, compaixão e responsabilidade mútua. Acreditando que o trabalho deve ser uma forma de adoração e um meio de crescimento pessoal, a Aarti organiza o trabalho como se fosse um fórum aberto em que a confiança mútua surge para que o caráter prevaleça. Ela fornece grupos de programas de meditação, oportunidades para a reflexão e formas de serviços à comunidade em que os trabalhadores podem participar. Ao mesmo tempo, apesar de trabalhar a partir de premissas hindus, cultiva uma forma aberta, ecumênica e secular de espiritualidade, permitindo que cada empregado encontre seu nicho espiritual, por assim dizer. Foi por essa razão que à Aarti foi concedido o prêmio *Spirit at Work* em 2004, e é esta também a razão pela qual a Aarti se expandiu e se tornou uma grande empresa multinacional de sucesso, com 200 milhões de dólares em vendas no mesmo ano.

O que observamos em uma empresa como a Aarti é a *forma* de uma empresa espiritual, mas sem *conteúdo* específico. A Aarti foi auxiliada pela eclética natureza da tradição hindu, e muitos elementos foram dedicados precisamente à definição e busca de um tipo de crédito espiritual fundamentado puramente na concepção de si mesmo e na procura pela autotranscendência do "eu" universal. Essa busca, vinculada aos exercícios espirituais da ioga e a um tipo de disciplina direcionada e obrigatória, fez com que o hinduísmo fosse especialmente adaptável às exigências do homem moderno e cético. E a prova é que muitas empresas estão se movendo nessa direção, para abrir canais através dos quais o capital espiritual possa entrar no negócio, enquanto a orientação clara de todo dogmatismo preocupa-se com quais canais são os mais corretos. É razoável, sem dúvida, supor que, no mercado global em que todas as grandes empresas estão agora inseridas, tal abordagem será cada vez mais bem acolhida por funcionários e clientes.

CONCLUSÃO

# A empresa espiritual na economia global

Apesar de tudo existe somente uma raça — a humanidade.

— George Moore

Alguns sociólogos, economistas ou analistas podem opor-se à argumentação deste livro nos seguintes termos: O que você tem descrito (eles podem dizer) é apenas um aspecto estreito do capital social. Virtudes são os hábitos através dos quais são estabelecidas as redes de confiança. Nós podemos adquiri-las de várias maneiras, e o caminho da fé é apenas uma dessas formas. O que importa é que nós podemos adquiri-los, e com eles as redes que auxiliam no progresso da empresa. Não há necessidade aqui de um conceito de capital espiritual como uma entrada adicional para o processo econômico. Não existe tal coisa como empresa espiritual.

Para essa objeção eu coloco a seguinte resposta: o capital social e as empresas por ele sustentadas são construídas através da interação social; a virtude é uma parte dela, na medida em que é incentivada por costumes sociais, pelos elogios e críticas dos próprios companheiros e pelas interações segundo aos quais aprendemos as formas de confiança. Mas o capital espiritual, enquanto fomentado neste processo, dando-lhe um apoio de valor inestimável, é construído de outra maneira. Ele vem de uma relação totalmente diferente das relações sociais humanas: a ligação com Deus. A busca de Deus através da adoração, da oração, da devoção e da prática piedosa é um tipo específico de disciplina, diferente daquela adotada pela sociedade humana. Trata-se de um ato de submissão metafísica, que se curva, de todo o espírito, a um poder que está além do mundo da nossa percepção. Essa postura de acolhimento espiritual, por meio da qual o indivíduo abre seu coração para uma forma sobrenatural de obediência, é o núcleo da piedade e oferece formas originais de conhecimento prático — por exemplo, o conhecimento do que fazer e como se comportar nos casos em que a ordem legal existente dos costumes sociais não funcione, o conhecimento de como perdoar alguém que tenha tentado destruir você, o conhecimento de como pedir perdão por suas próprias falhas reconhecidas. Ele também tem início com um louvor agradecido e leva à humildade e à gratidão. Como Max DePree disse certa vez, a primeira e a última palavra da liderança é "obrigado". Ambos preparam a direção e a motivação. O hábito da oração pode ser particularmente importante a esse respeito, e é um aspecto das comunidades islâmicas, que causam uma viva impressão sobre os seus visitantes. A oração regular envolve uma constante renovação do espírito, um infinito realinhamento de nossa natureza imperfeita com um arquétipo divino. E quando se trata de escolhas difíceis, a capacidade de colocá-las antes diante de uma pessoa que acreditamos ser como um fabricante ou um juiz na inigualável ajuda para se chegar a uma decisão. Os animais não tomam decisões: eles simplesmente seguem seus desejos. Nós, seres racionais, dotados de personalidade, liberdade e responsabilidade, somos capazes de nos comprometer através das nossas escolhas e exigir a deliberação na tomada das decisões feitas por nós. Muito mais fácil torna-se este momento característico da condição humana, quando repetidamente fazemos essas escolhas em oração.

As pessoas com fé acreditam que o capital espiritual é obtido diretamente de Deus, que os renova e os armazena através de uma "conversa com o Criador", como Jonathan Ruffer afirmou. Mas os agnósticos e os incrédulos são também capazes de reconhecer o capital espiritual como um investimento diferente na vida econômica. Para eles, isso não vem de Deus, mas da crença do indivíduo e da confiança nela, e que essa obtenção voltada ao transcendental — enquanto possa nunca atingir o seu objetivo, uma vez que não existe uma meta a ser alcançada — cria a disciplina interna da alma, que permite a transmissão, na totalidade, de tipos especiais de conhecimento prático. Que existe esse tipo de práticas distintas do conhecimento é algo que eu tentei demonstrar através dos meus exemplos. Que é trazido até nós por um poder superior é um item de fé e não da observação empírica. Mesmo os ateus, motivados pela "fé na fé", que Daniel Dennett identifica como sendo a pós-imagem da religião, em seu livro *Breaking the Spell* [Quebrando o Encanto], são capazes de ver que o capital espiritual é uma contribuição muito necessária e, talvez, até insubstituível para uma economia livre.

Tenho tentado mostrar a centralidade da fé no funcionamento dos negócios. O leitor certamente quer saber como eu contemplo o futuro. Como, em particular, uma empresa espiritual nos ajuda a aproveitar as oportunidades oferecidas pela economia global emergente?

A economia global não é algo novo. Ela já existia nos dias do próprio Cristo, protegida e incentivada pelo Império Romano, e estendia-se até os limites do mundo conhecido. A propagação da fé cristã é também um produto da globalização, e os primeiros passos rumo a uma teologia cristã estão contidos em cartas enviadas pelo apóstolo Paulo aos pontos mais distantes do Império. A novidade não é tanto a economia global, mas a velocidade com que ideias, informações e bens podem ser transferidos ao redor do mundo. Esta velocidade tem encurtado todas as distâncias em proporções insignificantes e tem permitido às empresas de uma parte do globo concorrer abertamente com empresas de outro extremo, seja qual for a distância entre elas. Esse fato apresenta novas oportunidades e, também, novos perigos. As oportunidades são evidentes: novos mercados, novas parcerias, novos estilos de vida do homem, que estimulam a criatividade comercial. Os perigos são menos evidentes, mas igualmente reais: a hostilidade provocada pela comercialização insensível, pela concorrência agressiva, por costumes e imagens que são ofensivos aos valores arraigados e às crenças religiosas, e por produtos que são comercializados independentemente dos seus efeitos secundários adversos.

Os norte-americanos, mais que quaisquer outros, por causa de nossa abordagem divertida e dinâmica das coisas, às vezes tropeçamos quando encontramos pessoas mais melancólicas e retrógradas. Possuímos a tendência a nos intrigarmos com o fato de que existam pessoas que não gostem da visão do arco amarelo do McDonald's colocado sobre uma mansão em estilo medieval, que não pronunciam a palavra "Disney", pois ela pode significar sinônimo de "abuso", ou que denunciem a Monsanto como sendo um inimigo da agricultura familiar. E essa hostilidade acumulada pode levar a comportamentos radicais, como temos visto com a Al-Qaeda, isso para não falar da crescente aversão americana na França, na Alemanha e na Espanha.

A resposta realista a essa hostilidade seria agarrar as oportunidades evitando os perigos. Evitamos os perigos ao tratarmos as outras pessoas, incluindo os concorrentes, com respeito, salientando nossa comum humanidade e nossa administração compartilhada da terra e seus recursos, e reconhecendo a nossa dependência comum de um Deus Criador. Um exemplo de grande interesse é fornecido pelo famoso gestor de investimentos, *Sir* John Templeton, que foi o primeiro a criar uma rede global de fundos mútuos.

Templeton iniciou sua vida adulta com a ambição de se tornar ministro religioso, mas em Yale chegou à conclusão de que ele poderia servir melhor a Deus e à humanidade explorando seu dom para a análise financeira. Esse dom não seria simplesmente uma questão de aconselhar os clientes sobre como obter o melhor retorno para seus investimentos. Ele teria muito maior relação com a forma de como criar riqueza do que com a distribuição dela. Um investimento sábio sempre produz retorno, pois faz com que a economia de uma pessoa entre em contato criativo com a energia de outra pessoa. Daí o fato de o analista financeiro bem-sucedido também ser divulgador do potencial econômico das pessoas, conduzindo o investimento de capital de que necessitam. Isto significa confiar nelas e convidá-las a também confiar. Templeton expressa sua visão no pensamento de que todas as pessoas são "apenas uma parte minúscula de Deus". Por isso "cada um de nós deve tentar amar cada ser humano, sem nenhuma exceção, e não apenas um pouco, mas com amor ilimitado para com todos os seres humanos, sem absolutamente nenhuma exceção".

Essa crença, que reflete a fé cristã de Templeton, levou à visão de que o investimento deve ser um exercício global, estendendo-se a oportunidade de explorar seu potencial criativo para todas as pessoas e, especialmente, para aqueles que foram marginalizados pela marcha do progresso capitalista. Por isso, ele fundou uma visão internacional de investimentos, buscando valores econômicos na Ásia e no Oriente Médio, Austrália e partes remotas da África. Templeton não se comportou como um missionário e não fez nenhum esforço para converter as pessoas em cujos negócios ele investiu as aplicações de seus clientes. Bastava a ele saber que eram homens com suas próprias heranças espirituais e morais, que responderiam à confiança com mais confiança. O negócio de Templeton cresceu de um apartamento conjugado, localizado em cima de uma delegacia de polícia, para uma corporação multimilionária, intensamente envolvida em trabalhos de caridade e filantropia.

Templeton considerava seu sucesso nos negócios como um dom de Deus, e que demandava sua gratidão. Dessa forma, ele usou sua fortuna para promover causas de caridade, para transmitir ao nosso mundo secular o conhecimento do espírito que o inspirou, e para fornecer ajuda e apoio a muitas pessoas, cujos talentos eram necessários, mas que não encontravam apoio em uma cultura de céticos. Isso ilustra o tipo de doação que deve sempre acompanhar o sucesso comercial e que acrescenta uma dimensão humana à economia global. Talvez seja desnecessário referir-se à Enron como um exemplo de empresa global que tem sofrido as consequências da condução dos negócios sem o cultivo da virtude. Mas é significativo que o sucesso inicial da Enron deveu-se à atitude, baseada na fé, de Kenneth Lay, seu CEO. Lay é filho de um pastor batista e confessou: "Acredito firmemente que uma das coisas mais gratificantes na vida é criar um ambiente altamente ético e moral, no qual é permitido e incentivado que cada indivíduo realize o seu potencial dado por Deus." A injeção de capital espiritual realizada por Kenneth Lay foi neutralizada e voltou-se contra si mesmo quando a empresa começou a objetivar o lucro a qualquer preço, sem levar em conta os princípios éticos professados por seu executivo-chefe.

Talvez seja igualmente necessário registrar que o McDonald's, uma corporação global que se tornou um símbolo vívido da americanização, que para obter a aprovação completa nos locais onde está instalado, acabou por influenciar a estética, a culinária e os costumes sociais locais. A ausência de respeito pelas pessoas e pelas culturas locais tem colocado em risco seus negócios na França e tornou o McDonald's alvo da ira em outros lugares. A recusa de suas filiais na Inglaterra em adquirir carne bovina britânica logo após a crise da encefalopatia espongiforme bovina (ou doença da vaca louca) atingir as manchetes, levou também a uma forte reação dos pecuaristas do Reino Unido. E a insistência em desfigurar a paisagem urbana com a sua logomarca infantil levou a fortes reações negativas em locais como a Itália e a República Tcheca, cujo patrimônio arquitetônico imaculado está em risco sob esse tipo de insensível estigmatização. O nome McDonald's é hoje um sinônimo de aspectos indesejáveis na economia mundial, entre aqueles que se mobilizam contra ele. É claro que a marca é também sinônimo de gratificação instantânea entre as pessoas comuns, que nunca antes desfrutaram de alimentos deste tipo, servidos de forma amigável e criando costumes novos. A abertura da filial do McDonald's em Moscou deixou o mausoléu de Lênin sem visitantes. Apesar disso, o McDonald's chegou a significar, na mente de muitos europeus, no mínimo, a moral implacável da "marca", e tem, portanto, catalisado um tipo totalmente novo de reação contra a economia global, na sequência do ataque altamente aclamado, ainda que bastante vulgarizado, da relação das marcas mais insensíveis do nosso mundo, no livro *No Logo: Taking Aim at the Brand Bullies* [Sem Logo: A Tirania das Marcas em um Planeta Vendido].[1]

O papel das empresas multinacionais na transformação da cultura e da paisagem espiritual da Europa, da América Latina, da Ásia, da África e do Oriente Médio, portanto, tornou-se um tema de intenso questionamento, alguns elogiosos, outros muito hostis, e é claro que existem poucas pessoas que poderíamos elogiar, sem reservas, por tudo o que têm feito em nome da globalização. Isso tudo é o mais necessário, portanto, para ingressar no mercado global a partir de uma segura base espiritual e moral, a fim de não apenas preservar a autosegurança, mas também para gerar confiança sempre que surgirem riscos. É precisamente nesse contexto que a empresa espiritual pode ser de maior utilidade para as empresas.

O verdadeiro empreendimento espiritual não é uma forma de vitrine, mas sim um longo caminho em meio às nem sempre honestas relações públicas, exercendo o que é conhecido como *CSR: Corporate Social Responsability* [Responsabilidade Social Empresarial]. A Enron foi muito boa em matéria de *CSR*, financiando causas que proporcionavam visibilidade e fazendo o politicamente correto sobre diversidade, igualdade de oportunidades, cuidados com o meio ambiente e tudo o mais com que os militantes estivessem preocupados. Mas a *CSR*, assim concebida, é simplesmente uma espécie de rede de proteção, pela qual uma empresa se mantém livre da intromissão das ONGs, envolve-se num véu do "politicamente correto" e segue em frente com uma empresa rentável. Isso é apenas superficialmente relacionado com o coração ético de uma empresa e pode mesmo ser nada mais que uma sistemática fraude — como os anúncios institucionais e as campanhas de relacionamento das empresas de petróleo, que as apresenta como envolvidas quase que exclusivamente nos programas de preservação ambiental, e nunca mencionam o esgotamento dos combustíveis fósseis, o efeito estufa e, menos ainda, as emissões de gases. Isso não quer dizer que as companhias de petróleo não devam ser envolvidas em projetos ambientais — é claro que devem. Isso, particularmente, para enfatizar que a natureza da companhia deve ser semelhante a de um cidadão responsável, e não apenas uma fachada de aparências.

As considerações que podem nos fazer suspeitar da *CSR* deveriam também pesar contra as ortodoxias atuais de "ética empresarial", como é agora ensinada nos cursos de negócios e programas de MBA, e como uma intromissão na esfera política. A ética empresarial consiste tipicamente de um conjunto de regras — prós e contras calculados para garantir a aprovação das partes interessadas e, portanto, aos ativistas que afirmam representá-las. Ela é motivada por uma espécie de "perfeccionismo" político, que decorre da mesma suspeita do motivo do lucro, como fizeram os ressentimentos socialistas que envenenaram o coração da Europa no século vinte. A diversidade, o multiculturalismo, a conscientização ambiental e outras prescrições direcionadas são feitas em valores absolutos a serem aplicados sem levar em conta a natureza do negócio ou as condições em que ele possa florescer. E a ética empresarial, assim concebida, motiva que os governantes elaborem regulamentações cada vez mais detalhadas e nomeiem comissões cada vez mais compostas por pessoas — normalmente leigas ou hostis à empresa — a fazê-las valer. Naturalmente, existe algo conhecido como ética nos negócios, mas não é diferente de qualquer outro tipo de ética. Consiste em uma injunção simples: esforçar-se para fazer o bem. Nós obedecemos a essa injunção por meio do exercício da virtude, e não por exercícios de *public relations* institucionais, destinados a apaziguar politicamente os ativistas entusiasmados. A ética não fala sobre moldar-se a uma agenda política; fala sobre disposições internas, a estatura moral, em suma, sobre a alma da empresa. A empresa virtuosa, com base no capital espiritual, não precisa ser orientada sobre como tratar seus funcionários, seus clientes ou o meio ambiente; sabe desde o início que é uma gerenciadora de tudo o que lhe toca, assim como são as pessoas virtuosas.

Isso me leva de volta a um assunto que mencionei no início da minha argumentação — o surgimento do modelo de participação da empresa. Em discussões das empresas, o investidor é normalmente contrastado com o acionista. O último arriscou o seu dinheiro na empresa, que é, portanto, vinculada a ele por uma obrigação fiduciária de não desperdiçar o dinheiro nem dissipá-lo. O primeiro tem apenas um interesse passageiro na empresa, cuja obrigação para com ele é apenas a prevista pelos princípios gerais da moralidade e da lei. Às vezes, a distinção é entre uma estreita e uma ampla definição de "investidores". Os investidores, em sentido restrito, são todos aqueles grupos que são vitais para a sobrevivência e para o sucesso da empresa (funcionários, clientes, fornecedores, e assim por diante), enquanto no sentido mais amplo, os investidores incluem qualquer grupo que pode afetar ou ser afetado pela empresa. O que seria uma atitude empresarial para com os investidores, no sentido mais amplo, incluindo as comunidades locais, os transeuntes, as gerações futuras, além de consumidores, empregados e fornecedores, que também são vinculados a ela por contrato?

Alguns viram a ênfase nos investidores como parte de uma tentativa em alinhar a empresa capitalista com os princípios da filosofia moral de Kant. Nessa perspectiva, cuidar do investidor é um direito moral, e a corporação é tão limitada pelos imperativos categóricos como qualquer indivíduo. Mesmo sendo isso verdade, no entanto, não altera o fato de que, enquanto o indivíduo comum não está vinculado por um único conjunto de deveres fiduciários, uma corporação está vinculada às suas funções para com os acionistas. A ênfase no investidor não deve permitir que se obscureça a natureza fundamental da corporação, como uma associação de indivíduos ligados por um risco compartilhado e recompensado por um lucro também compartilhado. A partilha do risco e do lucro cria relações de responsabilidade entre a gestão e os trabalhadores, donos e executivos, que favorecem a corporação com uma alma própria. Com efeito, ao longo deste livro descrevi o empreendimento espiritual como uma característica da alma corporativa e não apenas um exercício de relações públicas. Seja qual for a verdade dentro do modelo de participação, não deve ser permitido o obscurecimento deste ponto fundamental: as corporações vêm ao mundo como indivíduos distintos, com almas que são moldados pelo capital espiritual que foi investido nelas.[2]

Os leitores podem estar perplexos ao verem a palavra "alma" sendo empregada dessa forma. Certamente, dirão que as empresas não têm alma no mesmo sentido de que as pessoas. Não existe uma essência imortal para uma corporação, nem uma empresa ao morrer comparecerá diante do trono para ser julgada. Essa discussão da alma corporativa é, na melhor das hipóteses, uma metáfora, dirão eles. Eu respondo que existem metáforas e metáforas. Algumas nós podemos dispensar; outras não. Por exemplo: podemos deixar de usar "uma mensagem sexy", ou seja, uma mensagem que apelará para interesses gerais masculinos. Mas não podemos abolir, tão facilmente, metáforas como "um exemplo brilhante", "uma suave melodia" ou "uma cor berrante". Às vezes, uma metáfora é essencial para o que estamos tentando dizer ("uma nota alta", "um profundo desespero", "um céu tormentoso"). Isso também é verdade quando falamos da alma de uma empresa. Afinal, as empresas realizam atividades, respondem positivamente ou não por elas, são responsáveis por isso e, deliberadamente, assumem a responsabilidade, criando laços de lealdade ou desafeto, exatamente como nós fazemos. E, quando você faz parte de uma empresa, está ciente de que possui o seu próprio caminho na rotina, seus próprios valores, uma cultura corporativa e uma consciência própria, de como se comportar no mundo dos negócios. A alma da empresa é, simplesmente, um caso especial de *l'esprit de corps*, o compartilhado senso de domínio, seguindo, orientando e obedecendo às coisas que unem os membros em torno de seus interesses comuns. Assim, uma empresa pode ser guiada pela fé, da mesma forma como um indivíduo pode ser. E essa fé pode fazer-se sentir, embora muitos dos membros possam não compartilhá-la, mas empregá-la como um dos bens de capital da empresa.

Uma empresa orientada pela fé possui as virtudes que tenho descrito neste livro: ela terá coragem e perseverança para perseguir seus objetivos e também a humildade, a compaixão e o perdão que irão protegê-la contra a arrogância e a agressividade. Ela será aceita na economia global, não como uma predadora voraz, mas como um parceiro cuja presença promete ajuda e que se conduzirá, sempre, como um cidadão, onde quer que vá. Nada é mais valioso para uma empresa, na economia global, do que a sua reputação em termos de virtudes. Não é suficiente ser "visionária", no sentido que agora nos é familiar; uma empresa visionária pode, facilmente, ser ofensiva com suas mensagens ou com sua presença agressiva, como a Exxon, ofendendo os tchecos após a queda do comunismo, com a instalação de postos de gasolina com arquitetura extremamente apelativa e deformando a paisagem com seus tigres, ou como a ofensa internacional da própria Exxon, tentando escapar à responsabilidade pelo derramamento de óleo em *Valdez*, em 1989. A necessidade de uma conduta virtuosa, em vez de meramente através de um *CSR*, em lugar nenhum é mais visível do que no mercado global. Uma empresa como a UPS, que é reconhecida como responsável perante os cidadãos, onde quer que se apresente, possui uma clara vantagem de negociação. Mas não se pode garantir essa vantagem apenas pelas aparências. Ela deve ser conduzida por um genuíno espírito de preocupação e algo como os serviços que verificamos, por exemplo, no envolvimento da UPS em projetos educacionais na Polônia, que radicalmente aumentou sua credibilidade local, precisamente porque são vistos como uma expressão de preocupação para com o povo polonês, ao invés de um mero exercício de *CSR*.

O lugar progressivamente central ocupado pela China no mundo da economia torna as questões levantadas neste livro especialmente relevantes. Existe uma tendência, entre aqueles que Schopenhauer descreveu como "otimistas inescrupulosos", para ver a China se mover na direção de uma economia capitalista, anunciando, assim, a emergência do país como membro do grupo de nações democráticas. Essas pessoas negligenciam o fato de que o capitalismo não pode ser assegurado apenas por permitir a propriedade e o investimento privado. Também deve haver uma regra legal, que descreva o tipo de garantias oferecidas ao indivíduo dentro da livre iniciativa, na transferência de conhecimento e nas críticas ao governo. Essas condições não existem na China, e as corporações que, apesar disso, ingressem no mercado chinês serão confrontadas com problemas cruciais de ordem moral que, sem a orientação da fé, poderão ser difíceis ou impossíveis de superar. Temos assistido a isso no caso de duas empresas pós-modernas, supostamente dedicadas à busca da livre opinião e da informação aberta: a Google e a Yahoo. A primeira viu-se concordando com a censura, e a última chegou mesmo a tornar-se cúmplice na entrega de dissidentes para punição por parte do governo chinês. Esses casos nos mostram as confusões encontradas pelas empresas que operam com base em princípios puramente seculares (embora esses princípios possam ser admiráveis), quando entrando em uma esfera de julgamento genuinamente moral. A grande tensão que se encontra no coração da ordem liberal — tensão entre a livre opinião e a reserva moral — que, de repente, vem à tona e, sem a orientação espiritual que tenho defendido neste livro, possui uma lamentável tendência para ser resolvida em favor do tirano.

Também não é esse o único perigo apresentado pela economia mundial. O comércio mundial está repleto de muita desonestidade, corrupção e negligências criminosas. O surgimento de cleptocracias no mercado, no lugar dos antigos comunistas, sem a implantação de estruturas legais aprofundadas, que ofereçam alguma garantia de abordagens honestas, mudou radicalmente a natureza do comércio mundial. Dos 39 bilhões de dólares em empréstimos e mais os auxílios oferecidos à antiga União Soviética, logo após o colapso comunista, 37 bilhões, segundo relatos seguros, foram depositados anonimamente em contas bancárias na Suíça, duas semanas após a transferência. Nenhum analista financeiro foi capaz de informar sobre as contas da Comissão Europeia desde a sua fundação, nem a corrupção endêmica das comunidades do Mediterrâneo foi relatada através da União Europeia para definir quais os termos do comércio mundial.

Seria insensato a uma empresa americana, ou a qualquer outra empresa com pretensões globais, ignorar esses fatos ou fingir que a questão pode ser facilmente solucionada pelas legislações dos acordos mundiais. Então, o que pode ser feito? Mais uma vez, parece-me, a empresa espiritual provê uma resposta — talvez não a única resposta, mas que permita a uma empresa construir sobre a rocha no oceano da traição.

Considere o escândalo do *Savonita*. O *Savonita* foi um navio mercante que fazia entrega de veículos da Fiat pelos portos do Mediterrâneo. No final de 1974, ele partiu do porto de Savona, na Itália, com destino aos Estados Unidos, com um carregamento de automóveis. Oito horas após a partida de Savona, deflagrou-se um incêndio a bordo. Após o fogo ter sido controlado, descobriu-se que carros haviam sido danificados pela água e pelo fogo. O navio retornou para Savona, onde 301 veículos, alegadamente danificados, foram descarregados e imediatamente declarados como "perda total" no sinistro. Ato contínuo, foram vendidos a um negociante de Nápoles por 15% de seu valor real. Os carros estavam segurados na SIAT, uma empresa italiana de seguros navais, que havia feito o resseguro junto ao Lloyds através da corretora *Pearson Webb Springbett Reinsurance* (PWS). Depois de ser chamado para acionar o Lloyds em nome da SIAT, Malcolm Pearson, presidente da PWS, tornou-se suspeito pela reinvidicação. Investigações revelaram que os veículos que foram declarados como "perda total" haviam sido vendidos por 80% de seu valor real e estavam circulando normalmente na Itália. Os veículos foram retirados do navio e depois atearam fogo no *Savonita*. E, então, estavam cobrando o seguro pelo navio e pelos carros embarcados. Uma fraude. E Pearson continuava sendo pressionado por seus clientes pelo atraso das indenizações através do Lloyds.

A difícil situação de Pearson tornou-se grave. Ele tinha um dever fiduciário para com seu cliente para cobrar o crédito do seguro. Mas como pressionar os subscritores a indenizarem se ele tinha motivos para pensar que o pagamento seria fraudulento? Ou deveria sugerir uma solução comercial com um cliente tão grande e importante que protegesse seu futuro nos negócios? Por fim, Pearson optou por resistir à cobrança. Ele foi demitido pelo cliente e punido pelo Lloyds em um relatório, evidentemente destinado a exonerá-lo da direção de sua honesta instituição. Pearson viu-se lançado fora do mundo dos seguros marítimos, com o seu próprio negócio em farrapos. Enquanto isso, no entanto, ele havia entregue uma relevante documentação a um membro da Câmara dos Comuns, que levantou a questão naquela Casa. A imprensa interessou-se pelo caso, e questões foram levantadas sobre a conduta do Lloyds, uma instituição que estava prestes a revelar suas verdadeiras cores, através de um espetacular acidente que arruinou muitas pessoas inocentes que tinham confiado seu patrimônio aos seus cuidados.

Apesar de tudo o que estava acontecendo, Pearson, em um período em que esteve incapacitado de se mover, passou por uma cirurgia de varizes, onde recebeu anestesia insuficiente. Ele foi obrigado a suportar terrível dor, enquanto as veias eram retiradas de suas pernas, e ele via e escutava tudo, imobilizado e incapaz de falar ou chorar. Pearson entrou em estado próximo ao delírio, no qual uma voz o desafiava a respeito de sua crença em Deus. Ele viu-se lado a lado com um companheiro, que o levava a descer degraus de granito de dor, testando-o, sondando-o.

> De repente percebi que se eu pudesse pôr fim ao diálogo, também poderia me livrar da dor. Precisei livrar-me do meu companheiro; foi necessário combatê-lo.

> Finalmente encontrei forças para ficar furioso com ele e gritei: "Não existe nada em você que se assemelhe a mim. Eu acredito em Deus. O que me importa se outros não creem? Essa dor não significa nada para eles e não vai provar nada para mim. Assim, você pode detê-la. Você não pode fazer mais nada comigo." Ouvi minha voz repercutir diante de mim e ecoar no vazio.

Então, caiu um silêncio e o companheiro de Pearson revelou-se um mensageiro, a pessoa mais bondosa que jamais conhecera, que acenou para ele da sombra e, através dela, um vasto espaço ilimitado e cheio de luz, onde não existia nenhuma dor.

> O tempo era uma pequena parte do que estava lá, mas estava lá. Não houve nenhuma conversa enquanto estive diante da indescritível e numinosa presença. Eu estava em paz, senti um pouco dessa paz e depois soube que eu mesmo era parte dela. Fiquei maravilhado com a força, a justiça e a compaixão. Mas logo me dei conta de uma penetrante tristeza também... A tristeza estava lá porque estávamos perdidos, e estávamos perdidos porque as pessoas haviam perdido a fé, porque comprometeram tudo.

Essa experiência mudou a vida de Pearson. Todas as dúvidas que ele tivera sobre o caso *Savonita* foram deixadas de lado. Tornou-se claro para ele que a fé em Deus exige que permaneçamos do lado dele; em tudo o que fazemos há uma escolha entre o bem e o mal, e as empresas não podem ser separadas de nossa vida e conduzidas, exclusivamente, em um jogo egocêntrico. Os propósitos de Deus podem ser favorecidos ou contrariados nos negócios, assim como podem ser aumentados ou frustrados em todas as outras esferas. Mais tarde, Pearson entrou em contato com Solzhenitsyn e chegou a partilhar a crença do escritor russo, de que o mundo havia sido entregue ao mal por aqueles desprovidos de fé. E adotou o credo russo: "Se o mal entrar no mundo, que não seja através de mim."

Ao recusar-se a intermediar a reivindicação *Savonita*, Pearson não só arrriscou seu negócio, mas também atraiu para si uma campanha de ódio no centro financeiro de Londres. Quando foi descoberto que ele havia sido alvo de calúnias, foi capaz de salvar-se somente porque uma pergunta no Parlamento lhe tinha assegurado que a verdade havia, finalmente, se tornado conhecida. No devido tempo, as empresas no mercado interno começaram a dar à PWS crédito pela honestidade de seu CEO, e lentamente, o que a empresa perdeu no transporte marítimo foi recuperado em negócios oriundos de outras transações. Pearson atribui sua capacidade de sobreviver a essa grande prova, e sua permanência nos negócios apesar das tentativas feitas para arruiná-lo, à sua experiência religiosa e sua absoluta confiança em entregar-se na presença de uma mão orientadora.

Esta instância é excepcional, evidentemente. Nem todas as pessoas se veem cara a cara com as realidades espirituais de forma tão vívida, e empresas conduzidas pela fé não são, como regra, levadas para os tipos de conflito com o crime e a fraude, como os que prejudicaram Malcolm Pearson. Por outro lado, a economia global não é executada em tão belas e elegantes linhas americanas, não está sujeita à legislação americana, os seus atores não são, em sua maior parte, criados nas simples devoções das pequenas cidades da América, e sua redes incluem muitos membros — forjados na Sicília, em Moscou, em Riad ou mesmo em Londres — em que as famílias, as máfias, as lojas maçônicas, as seitas, os políticos e as organizações criminosas estão entre os corretores finais de cada negócio. Na economia do mundo emergente, é fundamental ter consciência de que vencer exigirá coragem, disciplina, justiça e sabedoria — além, é claro, de todas as outras virtudes que tenho discutido neste livro. E mesmo havendo um custo para realizar negócios virtuosos na economia global em curto prazo, há também um benefício significativo em longo prazo, tanto pessoal quanto comercial.

Eu não nego que as pessoas e empresas possam ser virtuosas mesmo lhes faltando a fé. Porém, como afirmei no último capítulo, a virtude resiste e aumenta porque é sustentada pela e através da fé. O capital espiritual acumulado pelas gerações anteriores pode ser emprestado e investido por outros que não possuam a fé para renová-lo, embora, em algum ponto, certamente deverá ser renovado. E esta renovação do capital espiritual na esfera dos negócios e de suas específicas empresas é o que a empresa guiada pela fé alcança. Nas novas condições criadas pela economia global, a revolução da informação e do crescimento de tecnologias inteligentes é, mais do que nunca, necessária para que todas as empresas sejam guiadas por sua rica herança espiritual, enquanto empresas espirituais. Pois somente dessa forma, eles percebem uma incomparável fonte de certezas necessárias para ter sucesso no altamente competitivo e interconectado comércio internacional que temos experimentado.

APÊNDICE 1:

# Galeria de empresas virtuosas

## FÉ

William Pollard, presidente, ServiceMaster

Fé, do latim *fides*, significa confiança. Em termos práticos, a fé indica uma fidelidade ao dever ou lealdade para com as promessas que fizemos. No sentido espiritual, a fé indica a sinceridade de intenções, uma crença e fidelidade a Deus. A fé é a firme crença em algo para o qual não há nenhuma prova, que exige completa confiança. A fé é a fonte de uma vida com propósito.

Bill Pollard vive a sua fé no mercado. Ele se uniu a ServiceMaster em 1977 e atuou como diretor executivo de 1983 a 1993, quando o faturamento da empresa cresceu de 234 milhões de dólares para 6,4 bilhões. A ServiceMaster tem mais de doze milhões de clientes nos Estados Unidos e em outros 44 países estrangeiros.

Sob a liderança de Pollard, a ServiceMaster alcançou uma média de retorno anual aos seus acionistas de 20%.

De acordo com Pollard, a razão por trás do enorme crescimento e do sucesso da ServiceMaster é o seu compromisso em honrar a Deus e fazer com que o seu povo se desenvolva. Bill Pollard tem uma profunda e inabalável fé que foi evidenciada enquanto ele era um estudante no Wheaton College, solidificou-se quando ele atuou como vice-presidente da escola e se manifestou concretamente no mercado durante o seu mandato como CEO da ServiceMaster. Sua missão na empresa, simplesmente, era honrar a Deus. Pollard também se envolveu com uma série de organizações religiosas e instituições de caridade ao longo da sua vida.

# Honestidade

Steven Reinemund, CEO (aposentado), PepsiCo

Honestidade é a conduta justa e simples que adere os fatos. Reflete uma retidão de caráter e ação, e indica a recusa em mentir, roubar ou enganar. A honestidade está no cerne do comércio e fornece a infraestrutura da estabilidade social. Sem essa virtude, o engano e a falsidade dominariam o mercado.

Steve Reinemund lidera uma entidade complexa e global e que se tornou mais competitiva ao utilizar seus valores presbiterianos em forma de tomadas de decisão. Ele se uniu à PepsiCo em 1984 como vice-presidente sênior de operações em sua divisão da Pizza Hut, que ele conduziu como CEO entre 1986-1992. Reinemund, em seguida, tornou-se CEO da PepsiCo em 2001. Ele foi diretamente responsável por cinco unidades operacionais da PepsiCo: Frito-Lay América do Norte, Frito-Lay Internacional, Pepsi-Cola América do Norte, Pepsi-Cola Internacional, e dos Produtos Tropicana. Sob sua liderança, as vendas da Frito-Lay cresceram em média 10% em um ano, um volume maior de crescimento do que qualquer outra empresa de alimentos importantes dos EUA.

Steve Reinemund elucida como uma liderança honesta o levou à sua ascensão como CEO da PepsiCo. Ele ressalta a importância da compreensão como uma das prioridades na vida. Para Reinemund, crenças e valores são fundamentais em sua vida e estilo de liderança. Sua vida é definida por princípios e por uma fé pessoal em Deus, que funcionam como uma bússola moral que orienta suas decisões. Coerência e equidade foram elementos críticos que reforçaram seu estilo de liderança. Reinemund desenvolveu um modelo de valores que ele aplica em sua vida: "Meu modelo de sucesso é como uma cadeira com quatro pernas. No centro está Deus. Familiares, amigos, comunidade e trabalho são as quatro pernas".

# Gratidão

Truett Cathy, CEO, Chick-fil-A

Gratidão, do latim *gratus*, significa agradecimento. A gratidão é evidenciada pelo agradecimento. É um sinal de humildade e maturidade. A gratidão é uma das mais poderosas ferramentas para a criação de alegria, cura, contentamento, crescimento espiritual e relacionamentos duradouros.

Um empresário cuja vida emana gratidão é Truett Cathy, fundador dos restaurantes da cadeia Chick-fil-A. Em 1946, Cathy abriu seu primeiro restaurante, com quatro mil dólares de suas economias e mais um empréstimo de seis mil dólares. Hoje a Chick-fil-A é a terceira maior cadeia de restaurantes de pronta-entrega de frango dos Estados Unidos. Cathy começou do zero e construiu uma franquia respeitada, onde os valores religiosos constituem o seu cerne e guiam seu comportamento.

Por ser um homem com devoção religiosa, Cathy deu aulas na escola dominical aos meninos de treze anos de idade nos últimos cinquenta anos. Todos os seus 943 restaurantes estão fechados aos domingos. É dessa forma que Cathy demonstra gratidão a Deus e permite a seus empregados irem à igreja e, em seguida, passarem o dia com suas famílias. Sua atitude de perder 15% da venda semanal não prejudicou a sua capacidade em fazer crescer este singular e excelente restaurante da cadeia.

# Perseverança

Sam Palmisano, CEO, IBM

A Perseverança é uma ação ou uma condição de firmeza. Deus responde às persistentes orações de seus filhos; em Mateus 7:7, somos informados de que as orações persistentes não ficam sem respostas. Somos encorajados a continuar pedindo, a continuar buscando, e a permanecer batendo. Perseverança é uma virtude que se manifesta na persistência constante.

Sam Palmisano tornou-se presidente do conselho e CEO da IBM devido à sua perseverança. Ele ocupou vários cargos de liderança desde que ingressou na IBM, em 1973: presidente e COO (*Chief Operations Officer*), vice-presidente sênior e executivo do grupo Enterprise Systems Group da IBM, vice-presidente sênior e executivo do grupo Global Services e Personal Systems Group da IBM, presidente da Integrated Systems Solutions Corporation e diretor sênior de operações da IBM no Japão.

Palmisano implementou a visão do presidente Louis Gerstner para manter a empresa como um gigante corporativo, no lugar de desaparelhá-la. Como pupilo e sucessor de Gerstner, Sam Palmisano foi responsável pela IBM se tornar a primeira empresa a receber mais de três mil patentes em um ano. Palmisano, em seguida, perseverou em mudar o forte estratagema que fez da IBM uma potência em computação — delimitando padrões. Enquanto muitos desconfiavam das primeiras iniciativas com padrões abertos, a IBM conseguiu o impensável, realizando um negócio fora do campo de vendas de componentes para outras empresas, inclusive para seus rivais. O que estimulou Palmisano a perseverar? Ele era uma pessoa profundamente reservada, mas foi sustentado por uma forte fé católica, que o manteve sempre focado.

# Compaixão

Mel Gibson, CEO, Icon Productions

Compaixão, do latim *compati*, significa simpatizar com, suportar ou sofrer com. A compaixão é um traço de virtude e de caráter, que equilibra a saúde das sociedades. Jesus disse que "um samaritano estando de viagem, chegou onde se encontrava um homem e, quando o viu, teve piedade dele" (Lucas 10:33, NVI).

Mel Columcille Gerard Gibson nasceu em 3 de janeiro de 1956, o sexto de onze filhos. Seu pai, Hutton, foi um guarda-freios da New York Central Railroad. Quando Mel tinha oito anos, seu pai sofreu um sério acidente de trabalho e perdeu o emprego. Depois de três anos batalhando por uma indenização, a família Gibson mudou-se para a Austrália, onde Mel Gibson estudou na Universidade de New South Wales, uma instituição com fundamentação católica.

Em meio a uma carreira de sucesso como ator, Gibson formou a Icon Productions e assinou um contrato de quatro filmes no valor de 42 milhões de dólares com a Warner Bros. Foi a produção da Icon do filme *Coração Valente* que fez de Gibson a maior estrela de Hollywood. Mas ele apostou toda a sua carreira em outro projeto de um filme singular, dedicado à paixão de Cristo. O filme não foi exatamente uma preferência das massas, visto que todo o diálogo era em latim e aramaico, com legendas. Gibson financiou a produção com seu próprio dinheiro. Ainda assim, ninguém queria exibir o filme. Então ele criou sua própria distribuidora e a sua estratégia de marketing, e o filme alcançou mais de um bilhão de dólares em vendas no mundo todo — compaixão pela paixão.

# Perdão

John Tyson, CEO, Tyson Foods

O perdão, segundo o termo do inglês antigo *forgifan*, significa desistir de ressentimentos ou de requerer uma recompensa de um agressor. Como todas as virtudes, o perdão pode ser mal-interpretado e mal-utilizado. "Perdoar e esquecer" podem ser interpretados como "não fique com raiva e deixe-o ir". Mas o efeito curativo do perdão não é alcançado por ignorar as lesões. Pelo contrário, o perdão purifica o espírito do veneno do ódio e da raiva.

John H. Tyson é presidente e CEO da Tyson Foods, a maior produtora do mundo de multiproteínas. Tyson emprega mais de 120 mil empregados nos Estados Unidos e México. A empresa se esforça para viver os seus valores: "Ser uma empresa digna e de fé, para servir como guardiã de animais, da terra e do ambiente que nos foi confiado, para obter lucros consistentes e satisfatórios para nossos acionistas e investir em nosso pessoal, produtos e processos, para operar com integridade e confiança em tudo o que fizermos, para honrar a Deus e respeitar uns aos outros, nossos clientes e nossos acionistas".

John Tyson explica que todos os trabalhadores na folha de pagamento são da mesma equipe. "Nós não temos funcionários, temos membros de uma equipe", diz ele. Então, quando empregados propuseram uma ação coletiva, Tyson buscou compreender profundamente o perdão. A ação foi movida em nome de todas as pessoas empregadas legalmente pela Tyson Foods em quinze de suas instalações nos Estados Unidos durante um período de quatro anos. Tyson conduziu uma enorme organização no mundo impiedoso do agronegócio. Ele foi à falência e aprendeu a perdoar com base em sua própria experiência pessoal.

## Paciência

Robert Price, CEO, PriceSmart

Paciência, do latim *pati*, significa sofrer. A paciência denota a capacidade de sofrer e passar por aflições, sem se queixar. É firme, apesar da oposição ou da adversidade. À medida que mostramos paciência na busca dos nossos mais profundos objetivos, continuamos a crescer. A paciência é a sabedoria por trás da persistência. A paciência auxilia a que concentremos nossos esforços naquilo que podemos mudar, e que aceitemos o que não podemos mudar.

Robert Price fundou a PriceSmart, um entreposto de negócios a varejo, juntamente com seu pai, Sol, em 1993. A PriceSmart vende mercadorias de alta qualidade a preços baixos aos seus membros, oferecendo salários justos e benefícios para seus empregados. Esta foi a inovação de Price, criar um clube de vendas de varejo com preços de atacado. Sol Price havia criado um setor de lojas de desconto nos Estados Unidos com a abertura da FedMart em 1954. Sol e Robert passaram a desenvolver um negócio de merchandising com a adesão das suas lojas Price Club em 1976. Hoje, a adesão ao merchandising gera mais de 70 bilhões de dólares em vendas anuais nos Estados Unidos, e a PriceSmart trouxe o conceito para o mercado internacional, operando vinte e seis clubes de vendas em doze países, um no território dos EUA e o licenciamento de treze armazéns na China.

A inauguração da PriceSmart, no entanto, fez com que Robert aprendesse a ter paciência de Jó, quando a empresa enfrentou a falência e ele perdeu seu filho adolescente por causa de um tumor cerebral. Sol e Robert Price demonstraram uma paciência incrível ao manterem seu compromisso de proporcionar qualidade e valor à PriceSmart. A paciência é decorrente, talvez, de uma tradição da Torá e de uma leitura atenta do diálogo de Deus com Jó.

## Humildade

Millard e Linda Fuller, Fundadores, Habitat for Humanity

Humildade, do latim *humilis*, significa estar em condição inferior. A humildade é a primeira virtude na vida espiritual. Toda virtude que não é acompanhada pela humildade provavelmente será destruída pela vaidade e pelo narcisismo. Portanto, quando Deus lhe concede um talento, peça para que ele também lhe dê humildade para que você consiga mantê-lo.

Nascido em circunstâncias humildes, no Alabama, Millard Fuller queria, por conta própria, tornar-se um milionário até completar 29 anos. Mas, como o seu negócio prosperou muito, sua saúde e casamento foram prejudicados, e ele sentiu que sua integridade também foi comprometida. Essas crises levaram Millard e sua esposa, Linda, a renovar seu compromisso cristão. Venderam todos seus bens, deram o dinheiro aos pobres, e começaram a procurar um novo foco para suas energias. Esta busca levou-os a iniciar um ministério de construção de habitações. Finalmente, a família Fuller, de seis membros, mudou-se para o Zaire para testar seu projeto de habitação em uma nação em desenvolvimento. O sucesso de seu projeto no Zaire foi suficientemente convincente de que este modelo poderia ser aplicado em todo o mundo. Após retornar aos Estados Unidos, os Fullers criaram a Habitat for Humanity International.

A filosofia econômica da Habitat é baseada no que Millard Fuller chama de "economia de Jesus". A inexistência de lucro, sem os juros explicitados no programa de Êxodo 22:25, na Bíblia, que diz que aqueles que emprestam dinheiro aos pobres não devem agir como um credor e cobrar juros. Os voluntários da Habitat construíram casas em parceria com mais de 175 mil famílias carentes, em três mil comunidades em todo o mundo. Mais de 900 mil pessoas têm agora abrigos disponíveis, seguros e dignos por causa da Habitat for Humanity.

## Coragem

Tom Phillips, CEO, Phillips International

Coragem, do latim *cor*, significa ter a força mental ou moral para arriscar, perseverar e resistir a perigos e dificuldades. A coragem é cada vez mais necessária à medida que vamos envelhecendo. Jesus falou sobre a virtude da coragem e do destemor: "Não tenham medo dos que matam o corpo, mas não podem matar a alma. Antes, tenham medo daquele que pode destruir tanto a alma como o corpo no inferno" (Mateus 10:28, NVI).

Thomas Phillips lançou a sua editora com dois boletins informativos, três funcionários e um investimento de mil dólares. Desde que iniciou esse corajoso empreendimento, em janeiro de 1974, sua empresa tem crescido e se tornou uma das maiores editoras de periódicos do mundo. Em junho de 1996, a Phillips Internacional ultrapassou a marca de um bilhão de dólares em vendas em curto prazo.

Tom Phillips começou a Phillips Publishing com uma visão: proporcionar informação especializada na era da especialização. Enquanto a maioria do mundo estava correndo na direção da mídia de massa, Phillips sabia que as pessoas estavam "se afogando em informação, mas sedentos de conhecimento". Ele criou a empresa como um negócio de boletins, vendo nesse meio a maneira mais eficaz de proporcionar às pessoas com foco em "informações úteis", que poderiam melhorar suas vidas. Phillips começou no porão de sua casa e construiu um império pubicitário de bilhões de dólares que agora está bastante envolvido na ação política e na formação de lideranças. Ele teve a coragem de assumir riscos, como todos os empresários deviam fazer.

# Respeito

Michael Volkema, presidente, Herman Miller

Respeito, do latim *respectus*, refere-se ao ato de olhar para trás. Respeitar alguém significa ter-lhe deferência e estima. Ter um comportamento respeitoso com os outros significa reconhecer o valor intrínseco das pessoas e seu direito de serem tratadas com dignidade e honra. O verdadeiro respeito leva à admiração e ao carinho.

Michael Volkema é um dos CEOs mais respeitados nos Estados Unidos. Sua empresa, a Herman Miller, foi classificada como a "mais admirada" empresa da indústria moveleira na revista anual *Fortune,* que fez o levantamento das corporações americanas em dezenove dos últimos 21 anos. A empresa também foi citada na lista da revista *CRO* como uma das *100 Best Corporate Citizens* [100 Melhores Cidadãos Corporativos] e recebeu o Prêmio *National Design* da *Smithsonian Institution.* O escritório da Herman Miller produtos mobiliários, que juntamente com a gestão estratégica de móveis e serviços de consultoria gerou mais de 1,7 bilhão de dólares em 2006. Com sete mil funcionários, a Herman Miller opera em mais de 40 países.

Esses sucessos e elogios falam pelo caráter jovial de Mike Volkema e sua equipe. Volkema é natural de Columbus, Ohio, e foi educado no Calvin College, em Grand Rapids, Michigan. Ele atualmente atua como presidente do conselho para a Kids Hope USA. Volkema se concentra mais nas relações de currículos e prefere ser conhecido por assumir as suas responsabilidades como marido, pai de três filhos e um seguidor do Cristo ressuscitado.

## Generosidade

John Templeton, Fundador, The Templeton Funds

A generosidade, do latim *generosus*, é caracterizada por um espírito nobre ou tolerante, um coração magnânimo e liberalidade em dar. A generosidade é uma das melhores maneiras de mostrar amor e amizade.

Nascido na área rural de Winchester, Tennessee, John Templeton é hoje conhecido mundialmente por ter uma visão futurista e ser um investidor progressivo. Tendo feito bilhões através de sua abordagem inovadora ao investir, Templeton tornou-se um dos maiores filantropos do mundo. Mas, uma vez que sonhou com uma carreira no serviço religioso, seu primeiro grande esforço filantrópico, em 1972, foi o estabelecimento do Prêmio Templeton para o Progresso da Religião. Em 1987, criou a Fundação John Templeton. Nesse mesmo ano, Templeton foi condecorado pela rainha Elizabeth II por sua atividade filantrópica, incluindo sua doação ao Templeton College, em Oxford. Depois de vender o grupo Templeton de fundos de investimento em 1992, *Sir* John concentrou seus talentos pioneiros em novas formas de criar valores e estimular o progresso através da filantropia.

O grande objetivo de vida de *Sir* John era liberar o vasto potencial da religião e promover o progresso na religião. Seu compromisso com a expansão e aprofundamento do conhecimento espiritual resultou no Prêmio Templeton, bem como no *Humility Theology Information Center* e no *Center of Theological Inquiry* em Princeton. A Fundação John Templeton, com ativos de quase quatro bilhões de dólares, atualmente apoia mais de 150 projetos, publicações e programas de prêmios no mundo todo.

# Disciplina

Don Soderquist, vice-presidente (aposentado),
Walmart Stores, Inc.

Disciplina, do latim *disciplina*, refere-se ao ensino e à aprendizagem. Isto é o que molda e aperfeiçoa as faculdades mentais ou o caráter moral através do controle adquirido pela obediência. A disciplina pode ser encontrada no que é comumente definido como regra por John Wesley: fazer todo o bem que puder, com todos os recursos que tiver, de todas as maneiras que puder, em todos os lugares que você estiver, todas as vezes que puder, a todas as pessoas que puder, por muito tempo e sempre que puder.

Don Soderquist exibiu disciplina e sabedoria bíblica na administração da maior empresa da América durante seus dias de glória. A Walmart é uma varejista global comprometida com o crescimento de sua empresa, com a melhora do padrão de vida de seus clientes e em servir as comunidades ao redor do mundo. Com 256 bilhões de dólares em vendas, a Walmart Stores, Inc. emprega mais de 1,5 milhão de pessoas como associados. Don Soderquist se uniu à Walmart como vice-presidente executivo em 1980. Ele atuou em vários outros cargos executivos e foi nomeado vice-presidente e diretor de operações em 1988. Uma de suas responsabilidades foi a de continuar o legado de Sam Walton — ser o "guardião da cultura" na Walmart.

Soderquist acredita que a ética nos negócios não é um luxo, mas sim uma necessidade para o sucesso organizacional. Ele também acredita que líderes têm a responsabilidade de construir uma organização ética. Soderquist é bacharel em administração de empresas pelo Wheaton College. Ele recebeu um título de doutorado honorário da

Southwest Baptist University em 1989 e, posteriormente, da John Brown University e do Judson College. Em 1996, foi introduzido no *Retailing Hall of Fame* [Hall da Fama do Varejo].

APÊNDICE 2

# Os números

AQUI ESTÃO ALGUNS DADOS comparativos. Inicialmente, pode parecer que não existe um padrão indicativo claro de melhor desempenho (em contraste com as empresas comparadas ou o *índice S&P 500*) para um determinado conjunto de "empresas virtuosas".

Deixe-me reformular a minha tese e olhar para os dados que estrategicamente a apoiam. Primeiro, é difícil mostrar empiricamente um aumento estatisticamente significativo da relação de causalidade entre a governança corporativa ética ou as práticas de gestão e desempenho das ações. Isso porque não é inteiramente possível de se mensurar ou quantificar as práticas empresariais éticas e um registro consistente de observações de ponto de dados de empresa para empresa. Também é difícil ter uma quantidade suficiente de empresas para defenderem uma amostra representativa. Penso, no entanto, que você pode mostrar exemplos escolhidos de como práticas gerenciais éticas correlacionam positivamente com um melhor desempenho no preço das ações (contra grupos de pares ou de mercado). Defender a causalidade provavelmente requer mais argumentos qualitativos, em vez de quantitativos, como temos destacado neste livro. Existem muitas pesquisas sobre investimentos socialmente responsáveis, que também lançam alguma luz sobre este assunto.

Os dados mostram que essas empresas virtuosas fizeram o bem à medida que fizeram boas coisas, superando, em muitos casos, os seus concorrentes, assim como também o índice S&P, na maioria das vezes em longo prazo. Assim, pode ser que a virtude recompense em mais de uma forma.

## Retorno Nominal da Sociedade Visada

Os dados são do período de dez anos, 1996-2006

| Pontos de dados | Diariamente |
|---|---|
| Data de início: | 14/01/05 |
| Data de término: | 04/10/06 |
| Período (anos): | 1 |

| Empresa | Ticker | Px Approach. | Total Ret |
|---|---|---|---|
| ServiceMaster Co. | SVM | –3,4% | –0,1% |
| ABM Industries, Inc. | ABM | –7,1% | –5,6% |
| S&P 500 Index | SPX | 9,8% | 11,8% |
| | | | |
| PepsiCo, Inc. | PEP | 9,4% | 11,4% |
| Coca-Cola Co. | KO | –0,9% | 1,7% |
| S&P 500 Index | SPX | 9,8% | 11,8% |
| | | | |
| International Business Machines Corp | IBM | –4,8% | –3,8% |
| Hewlett-Packard Co | HPQ | 74,9% | 76,0% |
| S&P 500 Index | SPX | 9,8% | 11,8% |
| | | | |
| Tyson Foods, Inc. | TSN | –20,2% | –19,4% |
| Smithfield Foods, Inc. | SFD | –12,1% | –12,1% |
| S&P 500 Index | SPX | 9,8% | 11,8% |
| | | | |
| PriceSmart | PSMT | 5,5% | 5,5% |
| Koninklijke Ahold NV (ADR) | AHO | –6,8% | –6,8% |
| Wal-Mart Stores, Inc | WMT | –5,8 | –4,6% |
| S&P 500 Index | SPX | 9,8% | –11,8% |
| | | | |
| Wal-Mart Stores, Inc. | WMT | –5,8% | –4,6% |
| Costco Wholesale Corp | COST | 17,6% | 18,7% |
| Target Corp | TGT | 3,8% | 4,5% |
| S &P 500 Index | SPX | 9,8% | 11,8% |
| | | | |
| Franklin Resources, Inc. | BEN | 41,3% | 42,0% |
| Charles Schwab Corp | SCHW | 70,8% | 72,0% |
| Merrill Lynch & Co., Inc | MER | 41,0% | 42,9% |
| S&P 500 Index | SPX | 9,8% | 11,8% |
| | | | |
| Herman Miller | MLHR | –1,0% | 0,0% |
| HNI Corp. | HNI | 25,0% | 26,5% |
| Steelcase, Inc. | SCS | 25,7% | 28,8% |
| S&P 500 Index | SPX | 9,8% | 11,8% |

| | Diariamente | | Diariamente | | Mensalmente |
|---|---|---|---|---|---|
| | 04/10/03 | | 04/10/01 | | 04/30/96 |
| | 04/10/06 | | 04/10/06 | | 03/31/06 |
| | 3 | | 5 | | 10 |
| Px Approach. | Total Ret | Px Approach. | Total Ret | Px Approach. | Total Ret |
| 26,0% | 39,0% | 24,7% | 47,7% | 39,5% | 87,5% |
| 30,3% | 39,4% | 16,2% | 29,4% | 124,7% | 176,5% |
| 48,8% | 56,9% | 11,0% | 20,8% | 97,9% | 132,2% |
| | | | | | |
| 46,0% | 53,4% | 37,8% | 48,7% | 97,0% | 127,8% |
| 0,1% | 7,3% | 5,0% | 5,3% | 2,8% | 20,1% |
| 48,8% | 56,9% | 11,0% | 20,8% | 97,9% | 132,2% |
| | | | | | |
| 3,9% | 6,6% | –17,1% | –13,9% | 206,2% | 229,2% |
| 112,6% | 121,7% | 11,0% | 19,9% | 59,3% | 80,0% |
| 48,8% | 56,9% | 11,0% | 20,8% | 97,9% | 132,2% |
| | | | | | |
| 56,3% | 61,4% | –3,1% | 2,9% | –17,2% | –8,6% |
| 52,1% | 52,1% | 54,2% | 54,2% | 297,8% | 297,8% |
| 48,8% | 56,9% | 11,0% | 20,8% | 97,9% | 132,2% |
| | | | | | |
| –50,4% | –50,4% | –80,3% | –80,3% | –56,3% | –56,3% |
| 110,9% | 131,2% | –75,3% | –71,4% | –52,5% | –41,0% |
| –16,3% | –13,7% | –10,1% | -6,3% | 295,7% | 324,9% |
| 48,8% | 56,9% | 11,0% | 20,8% | 97,9% | 132,2% |
| | | | | | |
| –16,3% | –13,7% | –10,1% | –6,3% | 295,7% | 324,9% |
| 61,1% | 64,2% | 52,3% | 55,3% | 470,1% | 481,1% |
| 62,1% | 65,5% | 44,0% | 48,9% | 553,5% | 610,0% |
| 48,8% | 56,9% | 11,0% | 20,8% | 97,9% | 132,2% |
| | | | | | |
| 178,5% | 192,0% | 133,0% | 148,1% | 393,8% | 442,1% |
| 125,7% | 130,2% | 10,4% | 13,5% | 374,2% | 395,2% |
| 104,9% | 112,8% | 33,8% | 43,0% | 421,8% | 495,1% |
| 48,8% | 56,9% | 11,0% | 20,8% | 97,9% | 132,2% |
| | | | | | |
| 93,0% | 98,4% | 22,3% | 27,6% | 323,2% | 357,6% |
| 102,0% | 110,4% | 138,6% | 158,1% | 353,9% | 429,1% |
| 108,7% | 121,5% | 49,6% | 66,7% | N / A | N / A |
| 48,8% | 56,9% | 11,0% | 20,8% | 97,9% | 132,2% |

# NOTAS

Prefácio

1. Jagdish Bhagwati, *In Defense of Globalization,* New York: Oxford University Press, 2004.

Empreendedorismo Espiritual

1. Michael Novak, *Business as a Calling: Work and the Examined Life,* New York: Free Press, 1996, p. 119.
2. Na criação da riqueza, ver os trabalhos de F.A Hayek, muitos dos quais são fundamentados em trabalhos anteriores de Ludwig von Mises.
3. Quanto aos requisitos para o desenvolvimento, consulte Hernando DeSoto, *The Mystery of Capital: Why Capitalism Triumphs in the West and Fail Everywhere Else,* New York: Basic Books, 2000.

Capítulo 1: Capital espiritual

1. James C. Collins e Jerryl Porras, *Built to Last: Successful Habits of Visionary Companies,* New York: HarperCollins, 1997.
2. Ibidem.
3. Howard Gardner, Mihaly Csikszentmihalyi e William Damon, *Good Work: When Excellence and Ethics Meet,* Nova York: Basic Books, 2002.
4. Mihaly Csikszentmihalyi: *Good Business: Leadership, Flow, and the Making of Meaning,* New York: Viking, 2003.

5. Robert Putnam, sobre o capital social: "Bowling Alone: America's Declining Social Capital", *Journal of Democracy* 6:01, janeiro, 1995, 67; *Making Democracy Work: Civic Traditions in Modern Italy,* Princeton: NJ, Princeton University Press, 1993, 7; *Bowling Alone: The Collapse and Revival of American Community,* New York: Simon & Schuster, 2001.
6. Dan Cohen e Laurence Prusak, *In Good Company: How Social Capital Makes Organizations Work,* Cambridge: MA, Harvard Business School Press, 2001.
7. Francis Fukuyama, *Trust: The Social Virtues and the Creation of Prosperity,* New York: Free Press, 1996.
8. Theodore W. Schultz, "Investment in Human Capital", *American Economic Review* 51:1, march, 1961, 1-17.
9. Gary S. Becker, *Human Capital: A Theoretical and Empirical Analysis with Special Reference to Education,* Chicago: University of Chicago Press, 1994.
10. Richard D. Crawford, *In the Era of Human Capital: The Emergence of Talent, Intelligence, and Knowledge as the World Economic Force and What It Means to Managers and Investors,* New York: HarperCollins, 1992.
11. Thomas O. Davenport, *Human Capital: What It Is and Why People Invest It,* San Francisco: Jossey-Bass, 1999.
12. Gary S. Becker, *The Economic Approach to Human Behavior,* Chicago: University of Chicago Press, 1978; Robert W. Fogel, *The Fourth Great Awakening and the Future of Egalitarianism,* Chicago: University of Chicago Press, 2000.
13. William Damon, *The Moral Advantage: How to Succeed in Business by Doing the Right Thing,* New York: Berrett-Koehler Publishers, 2004.
14. Ian Mitroff e Elizabeth A. Denton, *A Spiritual Audit of Corporate America: A Hard Look at Spirituality, Religion, and Values in the Workplace,* San Francisco: Jossey-Bass, 1999.
15. Patricia Aburdene, *Megatrends 2010: The Rise of Conscious Capitalism,* Charlottesville, VA: Hampton Roads Publishing Company, 2005.

16. Peter B.Vaill, *Spirited Leading and Learning: Process Wisdom for a New Age,* San Francisco: Jossey-Bass, 1999.
17. Lerner, Althea K Nagai e Stanley Rothman, *American Elites,* New Haven, CT: Yale University Press, 1996.

Capítulo 2: Virtude

1. Alasdair C. MacIntyre, *After Virtue: A Study in Moral Theory,* South Bend, IN: Notre Dame University Press, 1984.
2. Richard Schoch, *The Secrets of Happiness: Three Thousand Years of Searching for the Good Life,* New York: Scribner, 2006. Para um tratamento completo sobre a busca da felicidade, ver Theodore Roosevelt Malloch e Massey T. Scott, *Renewing American Culture: The Pursuit of Happiness,* Salem, MA: M & M Scrivener Press, 2006.
3. Abraham Kuyper, *Lectures in Calvinism,* Grand Rapids, MI: Wm. Eerdmans Publishing, 1943.
4. São Tomás de Aquino, *Disputed Questions,* 119.
5. São Tomás de Aquino, *Contra Julianum*, IV, 3, citado em *Summa Theologiae*, 2a2ae 23, 7.
6. Ayn Rand, *The Virtue of Selfishness,* New York: Signet, 1964.
7. João Calvino, *Commentary*, sobre Mateus 6.31-43.
8. Jack M. Templeton Jr., MD, *Thrift and Generosity: The Joy of Giving,* Philadelphia: Templeton Press, 2004.
9. Sobre virtude e as leis da economia, ver também Elizabeth Anderson, *Value in Ethics and Economics,* Cambridge, MA: Harvard University Press, 1993.

Capítulo 3: Fé, esperança e caridade

1. Sobre a virtude na adversidade, ver Matt Ridley, *The Origins of Virtue: Human Instincts and the Evolution of Cooperation,* Nova York: Penguin, 1992.
2. C. William Pollard, *The Soul of the Firm*, Grand Rapids, MI: Zondervan HarperBusiness, 1996.
3. Michael Novak, *Toward a Theology of the Corporation,* ed. rev, Washington, DC: American Enterprise Institute, 1991.

Capítulo 4: Virtudes resistentes: liderança, coragem, paciência, perseverança, disciplina

1. "The Power of Social Capital", *Harvard Management Update* 11:08, junho, 2006.
2. McDonald Williams quotations, William Damon, *The Moral Advantage*, 120–21.

Conclusão: A empresa espiritual na economia global

1. Naomi Klein, *No Logo,* Toronto: Picador, 2002.
2. No modelo de participação, ver Robert Phillips e Edward R. Freeman, *Stakeholder Theory and Organizational Ethics,* New York: Berrett Koehler Publishers, 2003.

## SOBRE O AUTOR

Theodore Roosevelt Malloch é presidente e CEO da *Roosevelt Group*, uma empresa de estratégia, além de ser professor de pesquisa na Yale University, onde dirige a *Spiritual Capital Initiative* [Iniciativa Capital Espiritual]. Ele foi vice-presidente para todos os programas nacionais do *Aspen Institute* e atuou no conselho executivo do Fórum Econômico Mundial, que organiza a renomada reunião de Davos. Também chefiou a consultoria *Wharton-Chase Econometrics* e tem trabalhado em mercados de capitais na *Salomon Brothers*.

O Dr. Malloch ocupou uma posição equivalente a de embaixador nas Nações Unidas, bem como posições políticas seniores no Comitê do Senado Americano para Relações Exteriores e no Departamento de Estado dos EUA. Ele atua em diversas corporações, sociedades mútuas, e na diretoria de diversas entidades sem fins lucrativos. Doutor em Economia Política pela Universidade de Toronto, ele é autor de nove livros e frequentemente aparece na televisão, assim também como orador convidado.

Este livro foi composto em Bembo 12/15 e impresso
pela Gráfica Ediouro sobre papel Pólen soft 70g para
a Thomas Nelson Brasil em maio de 2011.